Gut und richtig leben mit dem inneren Schweinehund

Marco Freiherr von Münchhausen ist promovierter Jurist, Trainer, Berater und Autor mehrerer Bestseller, u. a. *So zähmen Sie Ihren inneren Schweinehund* und *Wo die Seele auftankt*. Mit den psychologischen Hindernissen auf dem Weg zu privatem und beruflichem Erfolg beschäftigt er sich seit vielen Jahren; in seinen Vorträgen und Auftritten hat er bereits mehr als 500 000 Menschen zeigen können, wie sie ihren inneren Schweinehund zum besten Freund machen.

www.vonmuenchhausen.de

Marco von Münchhausen

Gut und richtig leben mit dem inneren Schweinehund

Das Wertebrevier für den Alltag

Illustrationen von Gisela Aulfes

Campus Verlag
Frankfurt/New York

Bibliografische Information der Deutschen Nationalbibliothek:
Die Deutsche Nationalbibliothek verzeichnet diese Publikation in der
Deutschen Nationalbibliografie. Detaillierte bibliografische Daten
sind im Internet unter http://dnb.d-nb.de abrufbar.
ISBN 978-3-593-38272-2

Copyright © 2008 Campus Verlag GmbH, Frankfurt/Main
Umschlaggestaltung: R. M. E, Roland Eschlbeck und Rosemarie Kreuzer
Umschlagillustration: © Gisela Aulfes
Satz: Leingärtner, Nabburg
Druck und Bindung: CPI – Ebner & Spiegel, Ulm
Gedruckt auf säurefreiem und chlorfrei gebleichtem Papier.
Printed in Germany

Besuchen Sie uns im Internet: www.campus.de

Einführung

Herzlich willkommen bei uns in der Redaktion! Lieber Herr Schweinehund, danke, dass Sie sich die Zeit für dieses Interview zum Thema Werte und Tugenden genommen haben. Und damit sind wir auch schon bei unserer ersten Frage: Wie kommt es eigentlich, dass Sie als Schweinehund zu solchen Themen überhaupt Stellung nehmen, wo doch jeder weiß, dass Ihre Absichten alles andere als tugendhaft und werteorientiert sind? Oder liege ich mit dieser Annahme falsch?

Nein, keineswegs. Damit haben Sie unsere Natur richtig erkannt. Schon wenn wir das Wort Tugend oder Werte hören, sträuben sich uns alle Borsten. Es bedarf eines langen Lern- und Wandlungsprozesses, einen von uns in diesem Sinne »bekehren« zu wollen. Und ich sage Ihnen ganz offen: Ganz bekehrt bin auch ich noch nicht. Allerdings habe ich begriffen und erfahren, dass das Leben lustvoller und erfüllter ist, wenn der Mensch Tugenden und Werte auf behutsame Weise integriert und lebt. Und zwar nicht nur für ihn, sondern auch für seinen inneren Schweinehund, also für uns. Meinem Menschen ist dies gelungen, trotz aller meiner anfänglichen Sabotageversuche, und es geht uns beiden – das können Sie mir glauben – mittlerweile wesentlich besser. Denn Wohlgefühl, körperlich wie auch seelisch, ist nun mal auch unser Ziel. Insofern geht es auch uns darum, gut und richtig zu leben, und nur aus diesem Grunde stehe ich Ihnen auch für dieses Interview zur Verfügung.

(Und mit einem Lächeln fügt er hinzu:) Mag sein, dass wir das »richtig« manchmal anders verstehen – wir wollen das Leben halt »richtig« genießen.

Herr Schweinehund, in Ihren Büchern haben Sie uns schon viel über schweinehündische Eigenarten verraten. Heben Sie nun den moralischen Zeigefinger?

*Nein, ganz im Gegenteil. Wir Schweinehunde reagieren empfindlich auf erhobene Zeigefinger. Das vorliegende Buch ist keine Moralpredigt. Es kann den Menschen vielmehr helfen, sich über ihre Wertvorstellungen klar zu werden, und ihnen zeigen, wie sie diese zusammen mit ihrem inneren Schweinehund leben können. Und ich sage Ihnen ganz klar: nur **zusammen**, denn wenn sie es alleine versuchen, werden sie an unseren Sabotageakten scheitern.*

Warum aber sollte man sich überhaupt mit seinen Wertvorstellungen beschäftigen?

Eine gute Frage. In der Tat verfügen die meisten Menschen über Wertvorstellungen, ohne dass sie sich darüber viele Gedanken machen. Diese Wertvorstellungen sind wohl in unserer Kultur verankert, man lernt sie schon als Kind kennen. Wenn die Menschen ihre Wertvorstellungen aber nicht reflektieren, sind sie durch uns Schweinehunde relativ leicht vom Pfad der Tugend abzubringen.

Wie das? Sie sagten doch gerade, dass die Menschen auch ohne Nachdenken eine Vorstellung von dem haben, was gut und richtig ist.

Ja, das haben sie. Wenn wir Schweinehunde sie aber in einer konkreten Situation verführen wollen, können sie uns nur entgegenhalten: »Das macht man nicht!« Es fehlen ihnen die wirklich guten Argumente.

Argumente?

Richtig. Es lässt sich klar und logisch zeigen – wie dieses Buch es auch tut –, warum ein gutes und richtiges Leben das bessere Leben ist. Zumindest meistens.

Welche Situationen sind es denn, in denen der Schweinehund angreift?

Die Liste der Tugenden ist so lang wie die der Verführungen. Wir Schweinehunde sind von Natur aus eher faul und nicht besonders mutig. Wir suchen in erster Linie den Genuss, und dabei sind wir manchmal egoistisch und rücksichtslos. Wir greifen nach jedem Vorteil, der sich uns beziehungsweise unserem Menschen bietet, und prinzipiell ist uns jedes Mittel recht, wenn es nur den gewünschten Zweck erfüllt. Sie können sich selbst ausmalen, was das in der Praxis bedeutet.

Gute Menschen kommen in den Himmel, die bösen überall hin – lautet ein leicht abgewandelter Spruch. Warum sollte irgend jemand so dumm sein, auf seinen Vorteil zu verzichten?

Das habe ich mich früher auch gefragt, bis ich erkannt habe, dass der tugendhafte Mensch auf lange Sicht der erfolgreichere ist, und wahrscheinlich auch der glücklichere.

Unmöglich. Das müssen Sie mir erklären.

Es mag zunächst naiv klingen. Und bestimmt gibt es auch Fälle, in denen unehrliche Menschen Erfolg und Glück erlebt haben. Aber denken Sie sich die Sache einmal umgekehrt. Wer ist wohl erfolgreicher: wer klug, diszipliniert und mutig zur Tat schreitet, oder wer sich dumm anstellt und überdies maßlos und feige ist? Diese Frage mag aus meinem Munde verwundern.

In der Tat: eine extreme Gegenüberstellung.

Allerdings. Doch geht es hier um nichts anderes als um die Kardinaltugenden: Klugheit, Tapferkeit, Maßhalten – und nicht zuletzt die Gerechtigkeit.

Klingt wie eine altmodische Zusammenstellung.

Das mag wohl sein, aber auch eine klassische! Die Kardinaltugenden sind logisch miteinander verbunden – die eine ist nicht ohne die andere zu haben – und bilden gewissermaßen den Sockel, auf dem weitere Tugenden aufbauen. Beispielsweise ist Ehrlichkeit ohne Gerechtigkeit nicht denkbar, Zuverlässigkeit nicht ohne die Tugend des Maßhaltens, Hilfsbereitschaft nur mit Tapferkeit. Ist Ihnen das zu altmodisch, dann denken Sie an die Nachhaltigkeit. Dieser Wert steht zurzeit sehr hoch im Kurs und ist ohne Maß und Klugheit nicht zu haben. – Oh je, irgendwie kann ich immer noch nicht ganz glauben, dass ich solche Worte spreche.

Ich auch nicht. Allerdings klingen sie mir auch ziemlich theoretisch.

Mag sein. In der Praxis zeigen sich die individuellen Tugenden aber sehr konkret darin, wie die Menschen miteinander umgehen, wie sie entscheiden und Aufgaben bewältigen.

Warum nun sollte der Mensch gut und richtig leben?

Ich sage nicht, dass er »sollte«. Wir Schweinehunde mögen es nicht, wenn uns jemand etwas vorschreiben will. Ich sage aber, dass es sich lohnt, über die eigenen Tugenden nachzudenken – und gegebenenfalls an sich selbst zu arbeiten. Das Ergebnis kann eine positive Veränderung der inneren Einstellung sein, ja bei manchen sogar zu innerer Größe führen. Und die Chance, ein sinnvolles Leben zu leben. – So mein lieber Redakteur, jetzt reicht's aber, sonst überwältigt mich doch noch das Gefühl, meine eigene Natur zu verraten, und auf schlechtes Gewissen stehe ich schon gar nicht. Wenn Sie mehr wissen wollen, so lesen Sie doch einfach das Buch.

Sprach's – und verschwand schwanzwedelnd und schmunzelnd.

•

Seit Jahrtausenden formulieren Propheten und Philosophen, dass der Mensch Gutes tun und Böses lassen soll. Welches seine Tugenden sind und was seine Laster. Wie er mit sich selbst und wie er mit anderen umzugehen hat. Und wie ein gutes und richtiges Leben gelingt. Und seit Jahrtausenden scheint sich der innere Schweinehund herzlich wenig um derartige philosophische Überlegungen und noch weniger um die daraus abgeleiteten lebenspraktischen Empfehlungen zu scheren.

Die große Philosophie auf der einen Seite – die humorvolle Figur des inneren Schweinehundes auf der anderen? Der Spagat ist zugegebenermaßen riskant. Aber das Wagnis lohnt sich in zweifacher Hinsicht: Erstens lässt sich mithilfe des inneren Schweinehundes erklären, warum seit jeher zwar viel Kluges über Tugenden gesagt, aber dennoch oft so lästerlich gelebt wurde. Und zweitens lässt sich das Schweinehund-Projekt, das sich mittlerweile über zahlreiche Bücher erstreckt, einen entscheidenden Schritt weiterentwickeln: Ging es bisher hauptsächlich darum, den inneren Schweinehund zu bändigen, weitet sich nun der Blick auf die Konzeption eines gelingenden Lebens insgesamt. Die Frage lautet also nicht mehr nur: »Wie bekomme ich meinen inneren Schweinehund dazu, mit mir zusammen das zu tun, was ich für gut und richtig halte?« Sondern: »Nach welchen Maßstäben möchte ich überhaupt leben? Wie will ich handeln, um diesen Maßstäben gerecht zu werden?«

Damit werden zwei Stränge zusammengebunden, die schon Aristoteles und andere klassisch-griechische Denker kombiniert hatten: begehrensmäßigende Techniken auf der einen Seite und eine Lehre des guten Lebens auf der anderen. »Eine Ethik der Lebensführung besitzt erst dann eine angemessene Gestalt, wenn sie den Übergang von der Selbstbeherrschung zur Tugendhaftigkeit beinhaltet und die Lehre von der Mäßigung der Lüste durch eine Lehre der Tugenden und sittlichen Einsicht vervollständigt«, erklärt denn auch Wolfgang Kersting, Professor für Philosophie in Kiel.

Aber keine Sorge: Sie werden hier nicht mit komplizierten, philosophischen Überlegungen malträtiert und erst recht nicht mit

Moralpredigten. (Beides würde Ihren inneren Schweinehund ohnehin nur auf die Barrikaden treiben.) Im Gegenteil: Dieses Buch will Sie dabei unterstützen, gemeinsam mit Ihrem Schweinehund Klarheit über Ihren eigenen, selbst gewählten Wertekanon zu gewinnen und darüber, was es heißt und warum es sich lohnt, »gut und richtig« zu leben.

In Teil I erfahren Sie, warum sich der innere Schweinehund mit der Moral so schwertut und warum es ihm so leichtfällt, uns immer wieder zu kleinen »Schweinereien« zu verleiten. Wenn Sie mögen, können Sie dabei eine Liste der liebsten Laster Ihres Schweinehundes anlegen.

Teil II gewährt Ihnen einen Einblick in die beliebtesten Tummelplätze und bewährtesten Taktiken des inneren Schweinehundes. Sie lernen seine wichtigsten Argumente kennen und die Methoden, mit denen er alle Tugenden kassiert, die uns eigentlich lieb und teuer sind. Hier können Sie Klarheit darüber gewinnen, was Tugenden wie Gerechtigkeit, Integrität, Ehrlichkeit oder Humor eigentlich bedeuten, und welche dieser Tugenden ihr eigener Schweinehund bevorzugt torpediert.

Teil III zeigt Ihnen, wie Sie Ihren eigenen Schweinehund so zähmen, dass Ihnen ein gutes und richtiges Leben leichter gelingt. Hier finden Sie Argumente, mit denen Sie den Schweinehund überzeugen können, warum sich ein solches Leben überhaupt lohnt. Außerdem eine Anleitung dazu, wie Sie Ihren ganz persönlichen Wertekanon aufstellen und umsetzen können. Und zwar zusammen mit Ihrem Schweinehund, und nicht im Kampf gegen ihn. Letztendlich geht es darum, dass Sie diesen revoltierenden Teilaspekt Ihrer Persönlichkeit besser verstehen, besänftigen und schließlich Hand in Hand mit ihm durch ein möglichst gelingendes Leben gehen können.

Teil I

Der innere Schweinehund
und die Moral

Jedes Jahr das gleiche Spiel: Steuerberater und Klient brüten zusammen über der Steuererklärung. Wo kann getrickst werden? Wie lässt sich noch mehr herausholen? Was kann unbemerkt an der Steuer vorbeigeschleust werden? Ziel ist, dem Staat möglichst wenig Geld »zu schenken«. »Der Ehrliche ist doch der Dumme«, bellt der innere Schweinehund und reibt sich die Pfoten bei jedem gesparten Cent.

Die Lust am Laster

Hat Ihr innerer Schweinehund zustimmend genickt, als Sie die Zeilen auf der vorigen Seite gelesen haben? Wahrscheinlich hat er das. »Steuertrickserei? Das macht doch jeder«, sagt er. So unmoralisch, so falsch oder sogar »böse« kann das also gar nicht sein. Tatsächlich wandeln Sie ja auch die meiste Zeit auf dem Pfad der Tugend. Nur hin und wieder, da schlägt Ihr innerer Schweinehund zu – und plötzlich sehen Sie sich selbst verwundert zu, wie Sie hier ein wenig tricksen und da ein bisschen in Ihre eigene Tasche wirtschaften.

Wer ist er, dieser innere Schweinehund? Er repräsentiert den dunklen Teil Ihrer Persönlichkeit. Den Teil, den Sie am liebsten gar nicht wahrhaben wollen. Und den Sie, wenn Sie ihn bemerken, vehement bekämpfen (zumeist erfolglos). Die humorvolle Figur des inneren Schweinehundes soll Ihnen dabei helfen, diesen Teilaspekt Ihrer Persönlichkeit besser kennen zu lernen – und sich mit ihm zu versöhnen. Schließlich ist es schwer genug, sich mit seinen eigenen Unzulänglichkeiten zu beschäftigen. Und leicht passiert es, dass Sie sich in Selbstvorwürfen ergehen, mit denen Sie sich selbst so frustrieren, dass Sie letztendlich doch wieder alles beiseiteschieben und beim Alten lassen.

Schalten Sie also den inneren Schweinehund als »Buhmann« dazwischen. Er ist es, der Sie mit hinterlistigen Tricks immer wieder vom rechten Pfad abbringt. Dabei will er nur Ihr Bestens: Er sorgt dafür, dass Sie ein möglichst angenehmes Leben haben, Spaß und

Genuss erleben, sich Ruhe gönnen können und Anerkennung bekommen – und nimmt dafür auch krumme Wege zum Ziel in Kauf. Dass dies auf lange Sicht oft »nach hinten losgeht«, ist ihm gleichgültig. Denn seine Fähigkeit, umsichtig oder vorausschauend zu handeln, ist absolut mangelhaft ausgeprägt. Er will alles jetzt und sofort, und ist deshalb allen sieben »Hauptlastern« verfallen. Diese sieben sind laut klassischer Theologie die Ursache für die »Sieben Todsünden«, die schnurstracks in die Hölle führen.

Genau diese Lasterhaftigkeit – oder milder ausgedrückt: Charakterschwäche – macht ihn so sympathisch. Etwa so wie den fetten, faulen und gefräßigen Comic-Kater Garfield, der sich mit Haut und allen seinen orangefarbenen Haaren den Lastern *Gula* (Völlerei, Unmäßigkeit, Maßlosigkeit) und *Acedia* (Trägheit, Überdruss, Feigheit) hingibt. Die Leser lieben ihn dafür so sehr, dass er zu einer der erfolgreichsten Comic-Figuren überhaupt avancierte und heute in über 2 500 Zeitungen und Zeitschriften erscheint. Laster faszinieren uns. Nicht zuletzt das ist der Grund für die Popularität von Dagobert Duck – eine Disneyfigur, die der

Avaritia (Geiz, Habgier, Habsucht) frönt. Auf *Invidia* (Neid, Missgunst, Eifersucht) stoßen Sie in einer Vielzahl von Opernstoffen oder in Märchen wie Aschenputtel. *Ira* (Zorn, Wut, Rachsucht) ist als Zorn des Achill das Leitthema in der *Ilias* des Homer – und möglicherweise ließe sich auch die Figur des Robin Hood als Vertreter dieses (hier ins Positive gewendeten) Lasters einordnen. In Patrick Süskinds äußerst erfolgreichem Roman *Das Parfum* dreht sich alles um das Laster *Luxuria* (Wollust, Unkeuschheit). Und für ihre *Superbia* (Hochmut, Übermut, Eitelkeit, Stolz) sind Figuren wie Astrid Lindgrens Karlsson vom Dach bekannt – und nicht zuletzt der »Lügenbaron Münchhausen«.

Von »Lastern« und »Sünden« ist im heutigen Alltag kaum mehr die Rede. Tatsächlich bröckeln die Fundamente dieses Teils der christlichen Ethik seit der Reformation. Sie sind aber so tief mit unserer Kultur und Sprache verwoben, dass sie noch immer sehr wirkmächtig sind. Nicht anders ist die Popularität von Geschichten rund um alle denkbaren Laster zu erklären und die Vehemenz, mit der der innere Schweinehund für diese Laster wirbt.

Die sieben Hauptlaster

- *Gula:* Völlerei, Unmäßigkeit, Maßlosigkeit
- *Acedia:* Trägheit, Überdruss, Feigheit
- *Avaritia:* Geiz, Habgier, Habsucht
- *Invidia:* Neid, Missgunst, Eifersucht
- *Ira:* Zorn, Wut, Rachsucht
- *Luxuria:* Wollust, Unkeuschheit
- *Superbia:* Hochmut, Übermut, Eitelkeit, Stolz

Warum der Schweinehund die Moral nicht mag

Wenn der innere Schweinehund etwas soll, will er erst recht nicht. Deshalb tut er sich auch mit der christlichen Moralphilosophie so schwer, die vor allem vom »Sollen« spricht. Der gläubige Mensch soll Gutes tun und Böses unterlassen – die »Zehn Gebote« schreiben ihm vor, worauf es in seiner Beziehung zu Gott und zu anderen Menschen ankommt. Vor allem sagen sie ihm, was er *nicht* soll: Du sollst *nicht* töten, *nicht* ehebrechen, *nicht* stehlen und *kein* falsches Zeugnis ablegen. »Die Gebote liefern keinen positiven Leitfaden für unser Handeln«, erklärt Kurt Bayertz, Professor für praktische Philosophie an der Universität Münster. »Wir haben es nicht mit Vorschriften zu tun, die uns sagen, welche Ziele wir in unserem Handeln verfolgen (…) sollen, sondern mit Vorschriften, die unserem Handeln Grenzen setzen.«

Viele Menschen sehen Gebote durch folgende Brille: Sie werden von einem Gott erlassen, den man sich als Gesetzgeber vorzustellen hat. Dazu kommen Moraltheologen und Prediger, die mit erhobenem Zeigefinger beispielsweise verkünden, was man in der Fastenzeit *nicht* essen, welche Art von Sexualität man *nicht* leben und was man sonntags *nicht* tun darf. Bei einer solchen Sichtweise geht natürlich der innere Schweinehund fast automatisch auf die Barrikaden. Umso mehr, als er unzugänglich ist für schwer vorstellbare Versprechungen eines besseren Lebens im Jenseits oder gar für Drohungen mit einer Bestrafung in der Hölle. Mit solchen Konzepten ist der innere Schweinehund nun mal nicht zu bewegen.

Wird Moral heute von vielen Menschen als etwas angesehen, das von außen an einen herangetragen und gegen den eigenen Willen zugemutet wird, das seine individuelle Freiheit durch unangemessene Vorschriften begrenzt, dann handelt es sich wohl um die Moral, die man mit der Kirche des Mittelalters assoziiert. Der Jesuit, Priester und Zen-Meister Niklaus Brantschen fasst diese Fehlvorstellung von Moral so zusammen: »Was ich tue, ist gut, nicht weil es mir und andern guttut, sondern weil es wehtut. Je freudloser ich dabei bin, je mehr ich mich plage und abmühe, umso besser.« Kein Wunder, dass der innere Schweinehund bei einer so verstandenen Moral Reißaus nimmt.

An sich aber ist Moral gar nichts Schlechtes. Sie ist ein Orientierungssystem aus Normen und Werten, das jedem einzelnen Menschen sagt, wie er sich zu verhalten hat und worauf es im Leben ankommt. Ein derartiges System ist in allen Kulturen bekannt und sieht überall in der ganzen Welt grundsätzlich ähnlich aus, zum Beispiel als *Goldene Regel*: »Was du nicht willst, das man dir tu, das füg auch keinem anderen zu.« Eine so verstandene Moral hilft den Menschen dabei, gut und richtig zusammenzuleben. Und bereits Kinder bringen es fertig, die grundsätzlichen Regeln von »Fair Play« selbst herauszufinden – ganz einfach deshalb, weil das gemeinsame Spiel dann besser funktioniert.

Je weiter man historisch zurückgeht – und hier liegt der Grund dafür, dass die Moral insgesamt in Misskredit geraten ist und der Schweinehund sie verabscheut –, desto enger verknüpft sie sich mit dem Mythos oder der Religion. Das heißt: Sie koppelt sich vom historischen Kontext ab, in dem sie entstanden ist, und beansprucht gleichzeitig eine unantastbare Gültigkeit. Sie beruft sich auf die Macht der Tradition und lässt kaum noch eine Diskussion darüber zu, ob die gewählten Maßstäbe vernünftig sind oder nicht.

Diese Diskussion übernimmt die Ethik: Sie setzt der traditionellen Moral ein bewusst entworfenes, neues Wertesystem entgegen. So ist die griechische Ethik genau in dem Augenblick entstanden, als die alten Götter- und Heldengeschichten keine Antwort mehr auf die Fragen nach dem Ziel und Sinn des menschlichen Lebens geben konnten.

Aristoteles, Sokrates und Platon mögen die Vermutung verzeihen, dass ihre inneren Schweinehunde es wesentlich leichter hatten als deren Nachfahren im christlichen Abendland. Im alten Griechenland regierte kein göttlicher Gesetzgeber, der den Menschen unter Androhung härtester Strafen befahl, was sie tun und lassen sollen. Im Mittelpunkt stand vielmehr der einzelne Mensch, erläutert Kurt Bayertz. »Alle Überlegungen werden vom Standpunkt eines Individuums aus gestellt, das sich fragt, wie es sein Leben planen und gestalten soll, damit es *ihm* gutgeht.« Und zwar hier und jetzt, und nicht erst im Jenseits.

Schweinehund contra Moral

Genau das entspricht der Haltung des inneren Schweinehundes. Er schert sich nicht darum, was die Moral jedermann befiehlt – sondern kümmert sich um die Bedürfnisse seines einmaligen und ganz besonderen Herrchens. Er interessiert sich nicht für allgemeingültige Gesetze, sondern will in jeder Situation neu entscheiden. Er will nicht wie der Moralist einem vorgegebenen Plan folgen, sondern sucht wie der Lebenskönner »nach Rhythmus, Melodie und Stil, um sein Leben zugleich mit innerer Einheit, individualitätsbezeugender Authentizität und zukunftsoffener Spannung zu versehen« – so formuliert es Philosophieprofessor Wolfgang Kersting.

Wir können uns den inneren Schweinehund also als Taugenichts vorstellen (das Wort »Tugend« leitet sich von »taugen« ab), wenn wir ihn nicht gleich als »Amoralisten« hinstellen wollen. Er weiß zwar, was das »Gute« und »Richtige« ist, setzt aber die egoistischen Interessen seines Herrchens an erste Stelle. Er sieht es schlicht und ergreifend nicht ein, dass sein Mensch sich an Regeln halten soll, die nicht seine sind. Natürlich würde er es nicht wollen, dass sein Mensch dies öffentlich zugibt. Wie alle echten Amoralisten agiert auch der Schweinehund überwiegend im Untergrund. »Der strategische Grund dafür besteht darin, dass er anderenfalls mit Sanktionen rechnen muss, die seine Pläne durchkreuzen. Dies macht ihn zum Trittbrettfahrer und Heuchler. Nichts ist irreführender als das von einigen Schwärmern gezeichnete Bild vom Amoralisten als einem fröhlichen Berserker, der unbekümmert, aber offen seinem eigenen Wohl dient. Von Ausnahmen abgesehen ist die Wirklichkeit des Amoralismus ein schäbiges Versteckspiel«, erläutert Kurt Bayertz.

Umgekehrt könnte man die Wirklichkeit des Moralismus als Spiel vor Publikum bezeichnen. Dies zumindest legt eine aktuelle Studie nahe, die zeigt, dass Menschen unter Beobachtung mehr zu spenden bereit sind als solche, die anonym spenden.

Die Anthropologen Terry Burnham (Harvard University) und Brian Hare (Max-Planck-Institut für Evolutionäre Anthropologie) haben gezeigt, welche Rolle der Blick des anderen im Bewusstsein der Menschen spielt. Die Wissenschaftler ließen 96 Freiwillige anonym gegeneinander spielen. Dabei mussten diese entscheiden, wie viel Geld sie spenden wollten. Die Regel: Diejenigen Spieler gewinnen am meisten Geld, die am meisten einzahlen – aber nur dann, wenn die Gegenspieler dies auch tun. Die Versuchspersonen wurden in zwei Gruppen aufgeteilt. Die eine Spielgruppe agierte vor einem »neutralen« Computer, die andere vor Bildschirmen, auf denen wie zufällig ein Roboterkopf mit menschenähnlichen Gesichtszügen zu sehen war. Das Ergebnis war erstaunlich: Die Spieler gaben unter den Augen des Roboters durchschnittlich 30 Prozent mehr Geld als die Kontrollgruppe. Daraus schlossen die Wissenschaftler, dass sich die Versuchspersonen beobachtet fühlten – zumindest unbewusst – und auf Reziprozität hofften. Das heißt: Sie gingen davon aus, dass sie für ihre Spenden belohnt, oder anders herum, dass sie nicht wegen mangelnder Spendenbereitschaft bestraft würden. Nach Einschätzung von Burnham wussten die Teilnehmer zwar, dass es sich lediglich um ein Bild und um ein Robotergesicht handelt, dennoch reagierten tiefere psychische Schichten geradezu reflexhaft auf die großen Augen des Roboters.

Das Experiment zeigt die Wirkmacht von Porträts aller Art – sei es das von Unternehmensgründern, Politikern oder Heiligen. »Sie tragen die Botschaft mit sich, dass man unter Beobachtung steht und damit wohl das machen soll, was jeweils gewünscht wird – und sie sind entschieden billiger als Video- und andere technische Überwachungssysteme, die sich derzeit verbreiten und alle und alles unter Beobachtung stellen«, urteilt Florian Rötzer, der das Roboterkopf-Experiment in der Online-Zeitschrift *Telepolis* vorgestellt hatte.[1]

Versteht der Schweinehund die Moral?

Der Schweinehund will also nicht moralisch sein. Das setzt voraus, dass er es könnte, wenn er nur wollte. Aber kann er überhaupt?

Nur wenn wir uns den Schweinehund als Repräsentanten der finsteren, »bösen« Seite unserer Persönlichkeit vorstellen würden, dann könnte er – aber er entscheidet sich bewusst dagegen. Stellen wir uns den Schweinehund aber als den kindlichen Teil unseres Selbst vor, der alles jetzt und sofort haben und das tun will, wozu er gerade Lust hat, dann kann er nicht – weil seine moralische Urteilsfähigkeit (noch) nicht voll entwickelt ist.

Der US-amerikanische Soziologe Lawrence Kohlberg hat in den 50er Jahren die Entwicklung der Urteilsfähigkeit untersucht, indem er Kindern und Jugendlichen Konfliktgeschichten vorlegte und sie um Stellungnahme bat. Zum Beispiel das »Heinz-Dilemma«: Darf Ehemann Heinz in eine Apotheke einbrechen, um für seine Frau ein lebensrettendes Medikament zu stehlen? Heinz ist zu arm, um dieses Medikament bezahlen zu können. Kohlberg interessierte sich dafür, welche Handlung die Befragten für gut hielten, vor allem aber für deren Argumentationsniveau.

Sein Ergebnis: Menschen durchlaufen drei Ebenen der moralischen Urteilsfähigkeit, die sich aus jeweils zwei Stufen zusammensetzen.[2]

1. Ebene: Auf diesem Niveau der moralischen Urteilsfähigkeit befinden sich die meisten Kinder bis zum neunten Lebensjahr, einige Jugendliche sowie jugendliche und erwachsene Straftäter: Sie halten sich zunächst nur an Regeln, damit sie nicht »erwischt« und bestraft werden. Später erkennen sie die Gegenseitigkeit menschlichen Verhaltens nach dem Motto: »Wie du mir, so ich dir.«

2. Ebene: Die meisten Jugendlichen und Erwachsenen erreichen die zweite Ebene der moralischen Urteilsfähigkeit. Dabei richten Sie sich zunächst nach den moralischen Erwartungen anderer (»Guter Junge!«/»Braves Mädchen!«). Im nächsten Schritt erfassen sie, dass es für die Aufrechterhaltung der sozialen Ordnung notwendig ist, dass sich alle an die gemeinsamen Regeln halten.

3. Ebene: Nur wenige Erwachsene (ab dem 20. Lebensjahr) erreichen diese dritte Ebene. Hier hinterfragen sie moralische Normen und sehen diese nur noch dann als verbindlich an, wenn sie allgemein gut begründet sind. Grundrechte wie Gleichheit, Freiheit und die Würde jedes Menschen haben bei Gewissenskonflikten Priorität.

Normen werden hier an individuellen Prinzipien gemessen und führen nach der Vorstellung des Forschers zu einer universellen Moral, die über gesellschaftliche und kulturelle Grenzen hinaus Gültigkeit besitzt.

Gehen wir davon aus, dass der innere Schweinehund auf der ersten Ebene der Moralentwicklung hängen geblieben ist. Wenn er Sie dazu bringt, Ihre Versicherung ein ganz klein wenig übers Ohr zu hauen, dann plagt ihn überhaupt kein schlechtes Gewissen. Er verspürt lediglich ein leichtes Kribbeln bei dem Gedanken, was wohl passiert, wenn man Ihnen auf die Schliche kommt. Haben Sie es mit einem schweinehündischen Gesellen zu tun, der psychologisch etwas weiter entwickelt ist, geht es Ihnen kaum besser. Ihr raubeiniger Begleiter benutzt dann die Moral nämlich gern als Deckmantel, um Sie von Ihren Vorhaben abzubringen. Etwa so: »Du kannst doch morgens nicht einfach zum Joggen gehen – Du musst der Familie brav den Frühstückstisch decken!«

Um Ihren Schweinehund auf die nächste Ebene zu hieven, müssen Sie ihn in dreifacher Hinsicht trainieren:

1. Er muss seine egozentrische Sichtweise überwinden und verstehen, dass andere Menschen ebenfalls berechtigte Ansprüche haben. (Falls Ihr Schweinehund ein überangepasster Moralist ist: Er muss lernen, dass auch Sie selbst berechtigte Ansprüche haben.)
2. Er muss aufhören, gegen eine von außen verhängte Moral blind zu revoltieren (oder ihr blind zu folgen) und stattdessen beginnen, Werte und Normen zu hinterfragen und selbst zu begründen.
3. Er muss sich lösen von der Orientierung an seiner momentanen Lust oder Unlust (oder an Anforderungen von außen) und sich stattdessen nach den Maßstäben richten, die er für sich selbst als wichtig und richtig erkannt hat.

»Er muss …« Wenn Sie das Ihrem inneren Schweinehund vorlesen, wird er nur verächtlich den Rüssel rümpfen. »Versuchs doch! Wir werden ja sehen, wie weit du damit kommst.« Tatsächlich ist es nicht leicht, einen Schweinehund dafür zu begeistern, sich aktiv mit Werten oder sogar Tugenden auseinanderzusetzen – und ihn letztendlich dafür zu begeistern. Aber es ist möglich. Dieses Buch möchte Sie dabei unterstützen.

Der Schweinehund und der »Werteverlust«

Wenn der Schweinehund Sie zu kleinen Tricksereien oder Betrügereien verführen will, zieht er gerne ein Argument aus der Tasche, gegen das Sie nur schwer ankommen. Es ist das Schlagwort vom »Werteverlust«.

Dieses kursiert seit geraumer Zeit in den Medien aller westlichen Gesellschaften und scheint schon allein deshalb stichhaltig zu sein. Da wird der Zerfall der Familien angeprangert (»Schau«, sagt der Schweinehund, »ein kleiner Seitensprung ist doch heute ganz normal«), die Korruption in Wirtschaft und Politik (»Und du hast ein schlechtes Gewissen, bloß weil du lächerliche 20 Euro aus der Vereinskasse abzweigst?«), der Mangel an Disziplin (»Warum reißt du dich als einziger Mensch so zusammen?«), der Untergang der guten Sitten (»Ein bisschen Mobbing muss sein, sonst macht der Job doch keinen Spaß«) und die fettleibige Jugend (»Die lassen es sich gutgehen, da kannst du dir doch einmal eine Pizza bestellen!«), die nur noch am Computer sitzt (»Siehst du? Dann spiel doch noch eine Runde weiter«).

Tatsächlich ist der sogenannte »Werteverlust« ein altes Phänomen, das im 16. Jahrhundert einsetzt, im 18. Jahrhundert durchgreift und immer noch wirkt. Mit dem Übergang zur Moderne nämlich löst sich der Mensch aus der festen Einbindung in das religiöse Weltbild – und, so empfinden es viele, steht plötzlich allein da. Niemand sagt ihm mehr, wo er hingehört und worin das Ziel seines Lebens besteht. Zufälle und Schicksalsschläge lassen sich nicht mehr mit dem Verweis auf einen göttlichen Willen erklären – sie passieren einfach, und der Mensch muss sehen, wie er damit zurechtkommt. Gleichzeitig wird er für den Erfolg oder Misserfolg seines Lebens allein verantwortlich gemacht. Die Maßstäbe seines Handelns muss der Mensch nun selbst herausfinden und festlegen, ohne irgendeine Art von Sicherheit oder Gewissheit. Eine ziemliche Zumutung: Zum einen, diese Maßstäbe überhaupt festzulegen, und zum anderen, sie dann auch noch umzusetzen. Die Religion nämlich war eine starke Quelle der Motivation, sich an bestimmte Regeln zu halten – zumindest für diejenigen, die ihr Leben auf ihr aufbauten, und für die, die auf eine Belohnung im Jenseits hofften.

Aber ist es tatsächlich so, dass alle bindenden Werte verschwunden sind, nur weil die Religion an Einfluss verloren hat? Hans Joas bestreitet das. Er vermutet vielmehr, »dass viele Menschen sich weiterhin ihrer besonderen Werte durchaus sicher fühlen und auf eine Verletzung ihrer Werte mit leidenschaftlicher Empörung reagieren«. Möglicherweise aber – und hier verweist er auf eine US-amerikanische Studie aus den 80er Jahren – fehlte den Menschen die Fähigkeit, ihre persönlichen Wertvorstellungen zu begründen. Warum? Sie haben zum einen den Bezug zu den Zehn Geboten der jüdisch-christlichen Religion verloren, kennen zum anderen aber auch keine weltlichen Formen der Moralbegründung, etwa den »Kategorischen Imperativ« von Immanuel Kant (dazu später mehr).

Wertewandel in den 60er und 70er Jahren

In Deutschland ist das Institut für Demoskopie Allensbach dem »Wertewandel« auf der Spur. Mit Umfragen Ende der 60er und Anfang der 70er Jahre – die Zeit der Studentenbewegung, der Außerparlamentarischen Opposition (APO) und der antiautoritären Erziehung – konnten die Sozialforscher erstmals zeigen, wie sich die Werte der Gesellschaft innerhalb kürzester Zeit änderten. Dabei war die Entdeckung des Wertewandels vielleicht sogar eher Zufall als Absicht.

Die Rede ist von einer Testfrage, die 1967 zum ersten Mal gestellt und 1972 wiederholt wurde: »Wir haben eine Liste zusammengestellt mit den verschiedenen Forderungen, was man Kindern für ihr späteres Leben mit auf den Weg geben soll, was Kinder im Elternhaus lernen sollen. Was davon halten Sie für besonders wichtig?« Auf der Liste standen 15 Erziehungsziele, von gutem Beneh-

Werte 2006	
»Was sollten Kinder im Elternhaus lernen?«	
Höflichkeit und gutes Benehmen	88
Ihre Arbeit ordentlich und gewissenhaft tun	82
Hilfsbereit sein, sich für andere einsetzen	79
Andersdenkende achten, tolerant sein	77
Sparsam mit Geld umgehen	71
Sich durchsetzen, sich nicht so leicht unterkriegen lassen	71
Wissensdurst, den Wunsch, seinen Horizont ständig zu erweitern	68
Gesunde Lebensweise	63
Menschenkenntnis, sich die richtigen Freunde und Freundinnen aussuchen	61
Freude an Büchern haben, gern lesen	47
Sich in eine Ordnung einfügen, sich anpassen	46
Interesse für Politik, Verständnis für politische Zusammenhänge	45
Interesse, Offenheit für Religion und Glaubensfragen	39
Technisches Verständnis, mit der modernen Technik umgehen können	38
Bescheiden und zurückhaltend sein	32
Festen Glauben, feste religiöse Bindung	25
An Kunst Gefallen finden	18

Basis: Bundesrepublik Deutschland, Bevölkerung ab 16 Jahre, Angaben in Prozent
Quelle: Allensbacher Archiv, IfD-Umfrage 7087, Februar/März 2006

men über Gewissenhaftigkeit bis hin zu Sauberkeit und Sparsamkeit.

1972 wurde die Frage noch einmal gestellt – und das Ergebnis wich deutlich von dem früheren ab. Bürgerliche Tugenden, die mehr als 250 Jahre lang gepflegt wurden, erhielten nun deutlich weniger Zustimmung, und diese Tendenz zog sich durch alle sozialen Schichten. In der Gruppe der Unter-30-Jährigen war die Abkehr am deutlichsten messbar. Mitte der 90er Jahre änderte sich das Bild dann grundlegend. Plötzlich gewannen die traditionellen Werte – Höflichkeit, Arbeitsethik, Sparsamkeit – wieder an Bedeutung, teilweise sogar noch mehr als 1967.

1967 meinten zum Beispiel 81 Prozent der Befragten unter 30 Jahren, dass Kinder Höflichkeit und gutes Benehmen lernen sollten, 1972 waren es nur noch 50 Prozent, 2006 stieg der Wert auf 88 Prozent. Eine ähnliche Verschiebung zeigte sich bei anderen Fragen: Dass man Kinder dazu erziehen sollte, ihre Arbeit gewissenhaft zu tun, sagten in der ersten Umfrage 71 Prozent der jungen Leute, fünf Jahre später nur noch 52 Prozent, 2006 dann 82 Prozent.

Was steckt hinter diesem Wertewandel? Sicher keine Rückkehr in die Wertewelt der 50er Jahre, schätzen Thomas Petersen, Projektleiter am Institut für Demoskopie Allensbach, und Tilman Mayer, Professor für Politische Wissenschaft an der Universität Bonn. »Manche Trends des Wertewandels setzen sich bisher ungebrochen fort«, schreiben sie, »beispielsweise der Trend, mehr und mehr Gewicht darauf zu legen, dass die Kinder zur Durchsetzungsfähigkeit, zum Wissensdurst und zum technischen Verständnis erzogen werden.« Auch sei keine Rückkehr zu den christlich-religiösen Werten erkennbar, die im Verlauf des »Wertwandelschubs« der späten 60er und frühen 70er Jahre an Bedeutung verloren hätten. Ungebrochen sei auch der Trend zum Lebensgenuss, der heute, anders als vor 30 Jahren, nicht mehr als Widerspruch zu einer ausgeprägten Arbeitsethik verstanden werde.[3]

Trendwende in den 90er Jahren

Interessant ist, dass die Allensbacher Forscher einen relativ genauen Zeitpunkt für das Ende des von ihnen beobachteten Wertewandels angeben können: 1998.

Grundlage dieser Beobachtung sind Antworten auf folgende Testfrage: »In welchem dieser fünf Werte stimmen Sie mit Ihren Eltern überein?« Den Befragten wurde ein Liste mit folgenden Werten vorgelegt: Einstellungen zur Religion, zur Politik, zur Moral, Umgang mit anderen Menschen, Einstellung zur Sexualität. Als die Allensbacher Forscher diese Frage 1981 erstmals stellten, sagten 23 Prozent der Befragten unter 30 Jahren, dass sie in keinem Bereich mit ihren Eltern übereinstimmten. Im Laufe der 80er Jahre stieg der Anteil auf rund 30 Prozent und blieb auf diesem Level bis Ende der 90er Jahre. »Solange die junge Generation sich in ihren Wertvorstellungen unverändert deutlich von der Generation der Eltern unterscheidet, ist die Dynamik eines Wertewandels nicht gebrochen«, schlussfolgern die Umfrage-Experten Petersen und Mayer.

Dann kam die Wende: Innerhalb eines Jahres, von 1997 bis 1998, sank der Anteil der jungen Befragten, die in keinem Punkt mit ihren Eltern übereinstimmten, von 31 auf 18 Prozent. Laut Allensbach ist dieser Wert seitdem stabil geblieben, der, so Petersen und Mayer, im internationalen Vergleich immer noch recht hoch sei. Die »deutsche Sondersituation« mit der außerordentlich starken Generationskluft der 80er und frühen 90er Jahre existiere so aber nicht mehr. Dafür spreche auch die Annäherung der Generationen in Erziehungsfragen: Hier unterschieden sich die jungen und die älteren Befragten so wenig wie seit den 60er Jahren nicht mehr.

Werte heute

Die Allensbacher Sozialforscher führen regelmäßig eine Umfrage durch zum Thema »Das darf man unter keinen Umständen tun«. Dabei legen Sie den Befragten eine Liste mit moralisch bedenklichen Verhaltensweisen vor, von »die Eltern verachten« über »im Kaufhaus eine Kleinigkeit stehlen« bis zu »Schwarzarbeit« und sogar »Euthanasie«. Interessant ist, dass die Zahl derjenigen, die derartiges Verhalten ablehnen, tendenziell steigt. Gaben im Jahr 2000 noch 65 Prozent der Befragten an, dass man die eigenen Eltern unter keinen Umständen »verachten« darf, so vertraten im Jahr 2004 schon 71 Prozent diese Meinung, im Jahr 2007 sogar 79 Prozent.

Moral 2007 »Das darf man auf keinen Fall tun«	
Die Eltern verachten	79
Auto fahren, obwohl man zu viel getrunken hat	76
Gegen die Polizei handgreiflich werden	75
Drogen wie Marihuana oder Haschisch nehmen	74
Im Kaufhaus eine Kleinigkeit stehlen	73
Müll, Abfälle heimlich irgendwo im Freien abladen	73
Unberechtigt Krankengeld, Arbeitslosengeld oder andere soziale Vergünstigungen in Anspruch nehmen	71
Graffiti an Hauswände sprühen	71
Eisenbahnschienen beschädigen, um Atomtransporte zu verhindern	71
Schmiergelder annehmen	70
Ausländer beleidigen	63
Kein Fahrgeld in öffentlichen Verkehrsmitteln zahlen, Schwarzfahren	56
Ein Versprechen brechen	50
Steuern hinterziehen, wenn man die Möglichkeit hat	49
Über den Glauben spotten, darüber Witze machen	42
Geld behalten, das man gefunden hat	38
Über Ausländer Witze machen	31
Schwarzarbeiten	25
Für den eigenen Vorteil lügen	22
Einen Freund, der etwas gestohlen hat, bei der Polizei anzeigen	20
Das Leben unheilbar Kranker beenden, Euthanasie	14

Basis: Bundesrepublik Deutschland, Bevölkerung ab 16 Jahre, Angaben in Prozent
Quelle: Allensbacher Archiv, IfD-Umfrage 10 002, März 2007
http://www.ifd-allensbach.de/pdf/prd_0709.pdf

Handgreiflichkeiten gegenüber der Polizei lehnten 1990 erst 40 Prozent der Befragten ab (nur Westdeutsche), 1994 waren es dann 53 Prozent der Bevölkerung, 2007 bereits 75 Prozent. »Im Laufe der 80er Jahre hatten zahlreiche Menschen ihre Einstellung gegenüber

dem Gewaltmonopol des Staates relativiert«, erklären die Sozialforscher. Seit den 90er Jahren bis heute sei »die Einsicht in den Sinn
des staatlichen Gewaltmonopols inzwischen wieder erstaunlich
groß geworden«.

Auf der Liste der nicht geduldeten Verhaltensweisen stehen neben dem Autofahren unter Alkoholeinfluss (76 Prozent) oder der
Ablehnung von Drogen (74 Prozent) vor allem auch der Sozialbe-
trug, also wenn jemand unberechtigt Krankengeld, Arbeitslosen-
geld oder andere soziale Vergünstigungen in Anspruch nimmt. Hier
sagen 71 Prozent: »Das darf man auf keinen Fall.« Mitte der 90er
Jahre waren erst 64 Prozent der Befragten dieser Meinung.

Werte weltweit

Erweitern wir nun die Perspektive. Wie steht es um die Entwicklung der Werte weltweit? Dieser Frage geht die sogenannte Welt-
wertestudie (WWS) in regelmäßigen, über zwei Jahre laufenden
Wellen nach. Die jüngste Studie zeigte, dass traditionelle »Bindungswerte« wie Religiosität, Nationalstolz, Autorität, Gehorsam und
Unantastbarkeit der Ehe zunehmend hinterfragt und neue »Entfal-
tungswerte« immer mehr gelebt und gezeigt werden: Freiheit, Pro-
test, Toleranz, Autonomie und Vertrauen in Mitmenschen.

Der gemessene Wertewandel basiert einerseits auf der steigenden
Lebenserwartung, andererseits auf sozioökonomischen Veränderungen, die sich in der steigenden Bedeutung des Wissens und des
technologischen Fortschritts in der Arbeitswelt manifestieren.

Wie sieht es in den einzelnen Ländern aus? Emanzipation beschreibt zwar die generelle Tendenz aller postindustriellen Gesellschaften, dennoch gibt es erhebliche Unterschiede. In den USA
etwa bleiben Bindungswerte stärker bestehen als in vergleichbaren
Gesellschaften. Auch in Japan erfolgt die Hinwendung zu Entfaltungswerten vergleichsweise langsam. Schweden lebt Werte wie
Toleranz, Fantasie, Eigenständigkeit und Freizügigkeit am stärks-

ten vor, gefolgt von den skandinavischen Nachbarländern Norwegen, Finnland und Dänemark. Deutschland, Frankreich, Großbritannien und die Niederlande zeigen eine Balance zwischen Bindungs- und Entfaltungswerten. Russland allerdings entwickelt sich gegensätzlich – hier verstärkt sich der Trend zu Bindungswerten.

Die tendenzielle Abkehr von Bindungs- und die Hinwendung zu Entfaltungswerten führe aus der Konformität heraus in die Emanzipation, erklärte Christian Welzel, Professor für Sozialwissenschaften an der International University Bremen, der die jüngste Studie (2006) auf einer Tagung der Gesellschaft für Konsumforschung (GfK) vorstellte. Je stärker sich eine Gesellschaft Entfaltungswerten zu- und von Bindungswerten abwende, umso größer werde die Freiheit der individuellen Lebensgestaltung.[4]

Wenn Menschen in großer Freiheit leben, werden sie wenig gemaßregelt, kontrolliert und sanktioniert. Umso wichtiger wird es dann, dass sich jeder Einzelne selbst »im Griff« hat – also nicht blind seinen Affekten folgt oder Lust- und Unlustgefühlen (kurz: dem Schweinehund) nachgibt.

Dies ist ein Grund für die Renaissance der von den Allensbacher Sozialforschern gemessenen Werte in Deutschland. Die Befragten empfinden diese Werte derzeit nicht als moralisches Korsett. Sie sprechen sich vielmehr aus freien Stücken dafür aus.

Genau genommen handelt es sich hier gar nicht um Moral, sondern um Tugenden. Doch was genau heißt Tugend?

Tugend statt Moral

Die Moral wird von außen an den Menschen herangetragen. Je mehr Moralin sie enthält, desto mehr vergällt sie sein Leben. Wer die Moral betrachtet, der hat es mit »irgendeiner fremden und fernen Instanz« zu tun oder mit »einem Gesetz, das im Himmel droben oder jenseits der Meere geschrieben wird« – so formuliert es Jesuitenpater Niklaus Brantschen. Wer die Moral betrachtet, sieht einen begrenzenden Bretterzaun.

Nimmt man dagegen die Tugend in den Blick, rückt der einzelne Mensch in den Mittelpunkt. Die Perspektive öffnet sich hin zu dem »glückseligen Leben«, das die antiken Philosophen besangen. Das der griechischen Ethik eingeschriebene Lebensideal ist nicht der moralische, sondern der tugendhafte Mensch. Ein Mensch, der mit seinen Gefühlen, seinem Verstand und in seinem Handeln gut und richtig zu leben versteht. Er fragt nicht: »Was ist hier und jetzt für mich drin?«, sondern: »Welche Art von Mensch bin ich und möchte ich sein? Wie muss sich dies in meinem Handeln niederschlagen?« Es macht ihm keine Mühe, sich zu mäßigen und das Richtige zu tun – es macht ihm sogar Freude.

Niklaus Brantschen hat Tugend und Moral einander gegenübergestellt und die Unterschiede deutlich auf den Punkt gebracht:

Moral engt ein	Tugend befreit
Moral treibt an	Tugend lockt
Moral sagt: »Du musst!«	Tugend sagt: »Du darfst!«
Moral hebt den Zeigefinger	Tugend zeigt aufs Herz
Moral schaut auf Prinzipien	Tugend schaut auf den Menschen
Moral kämpft gegen Fehler	Tugend ist für das Fehlende da
Moral lernt das Fürchten	Tugend macht Mut
Moral droht mit der Hölle	Tugend zeigt den besseren Weg
Moral predigt Wasser und trinkt Wein	Tugend predigt Wein – und trinkt Wein

Brantschen sieht die Tugend des Einzelnen als ein Gesetz, das ihm »ins Herz geschrieben ist«. Das klingt poetisch. Doch wie sieht es praktisch aus? Rutscht die Tugend durch Zufall ins Herz hinein, durch Schicksal, oder ist womöglich doch ein Gott im Spiel? Fragt man die Philosophen, bekommt man eine einfach klingende Antwort: »Durch Übung und Gewöhnung.«

Otfried Höffe, Professor für Philosophie an der Universität Tübingen, erklärt die Sache so: »Nicht wie Musikgeschichte lernt man Tugenden, sondern wie ein Musikinstrument, also praktisch, etwa durch Vormachen des Richtigen und den Versuch, es nachzumachen. (...) Wer immer wieder besonnen handelt, wird zu einem besonnenen, wer sich häufig tapfer verhält, zu einem tapferen Menschen, und durch wiederholt gerechtes Handeln wird man rechtschaffen beziehungsweise gerecht. Zunächst lernt man, tugendhaft zu handeln, und nach erfolgreichem Lernen geht das richtige Tun, wie man bildlich sagt, in ›Fleisch und Blut‹ über.« Oder eben, wie es Niklaus Brantschen formuliert, »ins Herz«.

Wer es so weit geschafft hat, tut »erstens mit Regelmäßigkeit das Richtige und dieses zweitens ohne jeden inneren Widerstand«, ist Höffe überzeugt. Er lebt »aus einer Haltung heraus«, oder anders gesagt, »aus der eigenen Persönlichkeit« und ist deshalb nicht mehr

»der Spielball der auf ihn einwirkenden emotionalen und sozialen Kräfte«.

»*Ohne jeden inneren Widerstand* …« – spätestens hier hat Ihr innerer Schweinehund wahrscheinlich die Ohren gespitzt und laut gekläfft: »Wie? Auf tugendhafte Menschen soll ich keinen Einfluss mehr nehmen können!? Das wäre doch gelacht!« Doch Höffe scheint den Schweinehund zu kennen und räumt ein, dass auch ein sonst unbescholtener Mensch angesichts einer starken Versuchung schwach werden kann: »Dem Menschen kann die zweite Natur, die Tugend, nie zur ausschließlichen Natur werden.« Grundsätzlich aber scheint ein tugendhaftes Leben auch in Begleitung eines Schweinehundes möglich zu sein. Das ist die gute Nachricht für Sie.

Warum der Schweinehund das mitmacht, obwohl er doch von Natur aus eher egozentrisch, faul und unbeherrscht ist? Er profitiert davon, wenn er Sie in Ruhe auf dem Pfad der Tugend wandeln lässt. Denn er kann sein Ziel verwirklichen – *Sie fühlen sich gut.* Aus folgendem Grund: Wenn Sie sich mühen, tapfer und maßvoll, ordentlich, pünktlich oder höflich zu werden, verknüpfen sich die geübten Tugenden mit starken Gefühlen: Mit Stolz und Zufriedenheit, wenn Sie gut und richtig handeln (und mit Ärger und Scham, wenn Sie es nicht schaffen). In Ihrer Kindheit wurde diese Verknüpfung durch Lob (und Tadel) vonseiten Ihrer Eltern oder Lehrer verstärkt. Das gute Gefühl, das sich einstellt, das ist der Lohn der Tugend. Tugend belohnt und bestraft sich selbst. Tugend mache sogar glücklich, sagt Höffe. Zumindest »meistens«.

»Schön und gut«, mögen Sie jetzt denken. »Doch was soll dieses altertümliche und immer noch nach Moralin riechende Wort eigentlich heißen: Tugend?« Ursprünglich bezeichnet das Wort ganz allgemein eine exzellente Tauglichkeit, Tüchtigkeit oder Kraft (und kann sich auch auf besonders scharfe Messer, schnelle Windhunde und hellsichtige Augen beziehen). In der Ethik, so Höffe, »bedeutet der Ausdruck die zur Haltung gewordene Fähigkeit und Bereitschaft, als ein hervorragender Mensch zu leben«.

Dazu braucht es zwei Arten von Tugenden: Zum einen die Charaktertugend, zum anderen Lebensklugheit. Es reicht eben nicht aus, vom Pfad der Tugend gehört zu haben, man muss ihn auch gehen können. Die Lebensklugheit hilft dabei, die richtigen Mittel und Wege zum Ziel zu finden (auch wenn der Schweinehund sie manchmal für holprige Umwege hält) und das Ziel zu erreichen.

Was genau man sich unter einem Menschen mit einem vorzüglichen Charakter vorzustellen hat, zeigt ein Blick in die langen Kataloge der Tugenden, die seit der Antike geschrieben worden sind. Hier eine Auswahl:

Kardinaltugenden/Primärtugenden

Im Unterschied zu den »nützlichen« Tugenden sind dies »wertvolle« Tugenden. Philosoph Höffe schreibt: »Erst sie bedeuten nicht irgendeinen charakterlichen Vorzug, sondern einen vorzüglichen Charakter.« Im europäischen Kulturkreis gibt es verschiedene Versionen der vier Kardinaltugenden. Platon hat folgende zusammengestellt – und diese werden in der Literatur am häufigsten aufgegriffen:

- Klugheit
- Gerechtigkeit
- Tapferkeit
- Mäßigung

Sekundärtugenden

Dies sind »nützliche« Tugenden. Laut Höffe sind sie »nicht in sich selbst gut. Es kommt darauf an, wofür sie eingesetzt werden«. Sie stehen also im Dienste der primären Tugenden. Was als Sekundärtugend angesehen wird, kann von Kulturkreis zu Kulturkreis, aber auch von Milieu zu Milieu ganz verschieden sein. Als typisch deutsche Sekundärtugenden (oft auch als »Preußische Tugenden« bezeichnet) gelten

- Fleiß
- Gehorsam
- Härte gegen sich selbst
- Ordnungssinn

- Pflichtbewusstsein
- Pünktlichkeit
- Sparsamkeit
- Treue

- Unbestechlichkeit
- Unterordnung
- Zurückhaltung
- Zuverlässigkeit

Christliche Tugenden

Neben den Zehn Geboten enthalten auch weitere Bibelstellen Hinweise auf christliche Tugenden. Zum Beispiel im ersten Brief an die Korinther des Apostels Paulus (1. Korinther 13,13). Es handelt sich um

- Glaube
- Liebe
- Hoffnung

Rittertugenden

In der ritterlichen und höfischen Kultur des Mittelalters galten als Tugenden:

- Aufrichtigkeit
- Bescheidenheit
- Verlässlichkeit

Weibliche Tugenden

Etwas angestaubt, dafür umso amüsanter lesen sich heute die klassischen Frauentugenden der abendländischen Kultur:

- Häuslichkeit
- Sparsamkeit
- Keuschheit

Tugenden heute

Der französische Philosoph André Comte-Sponville hat kürzlich unter dem Titel *Ermutigung zum unzeitgemäßen Leben* ein »kleines Brevier der Tugenden und Werte veröffentlicht«, das viel Beachtung gefunden hat. Die »alten« Tugenden leben also fort, sie erfahren eine moderne Rezeption. Es gibt offenbar ein neues Interesse an der menschlichen Fähigkeit, *gut* zu handeln. Doch ist das *Gute* immer auch das *Richtige*?

»Ich hab dich fest im Griff!«

Was heißt »gut und richtig leben«?

Ein *gutes* Leben kann zweierlei bedeuten: Ein nach (individuell gewählten) ethischen Kriterien *richtiges* Leben, in dem sich der Mensch stets aufrichtig, ehrlich, klug, tapfer, selbstbeherrscht – also kurz: tugendhaft verhält. Es kann aber auch ein subjektiv *angenehmes* Leben meinen, in dem der Mensch sich all das leisten kann, was ihm gefällt. Um diese Variante des guten Lebens soll es in diesem Buch nicht gehen. Um das *gute und richtige* Leben soll es hier also gehen, wobei das »und« besonders wichtig ist. Denn ein nach strengen Moralvorstellungen *richtiges* Leben kann sich subjektiv durchaus *nicht gut* anfühlen.

Doch was heißt *gut* – im ethischen Sinne? In der philosophischen Tradition gilt das *Gute* als etwas, das man durch vernünftige Betrachtung erschließen kann (Mutter Teresa ist *gut; gut* können aber auch ein Bauwerk sein, eine Komposition oder eine Mathearbeit).

Heute wird nicht mehr vorrangig nach dem *Guten* gesucht, sondern eher nach *Werten* – und das überall: Die Unternehmen suchen nach Modellen werteorientierter Führung, die Familien nach Werten in der Erziehung, es gibt neuerdings sogar Wertecoaching für den Beruf.[5]

Denn sobald von *Werten* die Rede ist, schwingt für viele Menschen assoziativ und vielleicht unbewusst der Begriff »Bewertung« mit. Und das ist ein höchst subjektiver Vorgang, der heute ganz anders aussehen kann als vor fünfzig oder in fünfzig Jahren.

Der Kategorische Imperativ

Wie findet man aber nun heraus, ob das selbst gewählte *Gute* tatsächlich auch das *Richtige* ist? Da gibt es verschiedene Möglichkeiten: Entweder, man beruft sich auf einen bereits bestehenden Wertekanon – einer Religion, einer Partei oder auch irgendeiner Subkultur (zum Beispiel die der Fußballer, der Journalisten, der Hardrocker, der Benediktiner) – und vertraut darauf, dass dieser *gut* und *richtig* ist.

Oder man unterzieht jede eigene Handlung und Haltung einem Testverfahren, das der große Denker Immanuel Kant entwickelt hat und das unter dem Titel »Kategorischer Imperativ« bekannt ist. Dieses Testverfahren funktioniert in zwei Schritten: Zuerst wird sich der Mensch darüber klar, was er tun will. Im zweiten Schritt überlegt er, was geschieht, wenn alle Menschen so handeln würden wie er selbst. Kant formuliert: »Man muss wollen können, dass eine Maxime unserer Handlung ein allgemeines Gesetz werde: dies ist der Kanon der moralischen Beurteilung derselben überhaupt.«

Ein anspruchsvolles Unterfangen: Es verlangt, dass der Mensch über einen pfiffigen Verstand verfügt und dass er zu einem neutralen und wohlwollenden Blick auf die gesamte Menschheit fähig ist – was ein gewisses *Gut*-Sein schon voraussetzt. Das fällt dem Schweinehund schwer: Er blickt tendenziell aus der egoistischen Perspektive und nicht weiter als bis zu seiner eigenen Nasenspitze.

Theoretisch aber funktioniert dieses Prüfverfahren ganz gut: Wenn der Schweinehund Ihnen zum Beispiel empfiehlt, 20 Euro aus der Vereinskasse abzuzweigen, dann können Sie ihm entgegenhalten: »Wenn alle Menschen Geld aus Kassen klauten, die ihnen nicht gehören, dann gerieten überall Firmen und Vereine in Schieflage.« Schlagen Sie ihm umgekehrt vor, 20 Euro an eine wohltätige Organisation zu spenden, können Sie argumentieren: »Wenn alle Menschen spendeten, gäbe es weniger Not in der Welt.«

Vielleicht ist Ihnen die Sache mit dem Kategorischen Imperativ zu kompliziert und die gesamte Menschheit als Messlatte zu groß. Dann stellen Sie sich einfach vor, Ihr Handeln würde von einer Videokamera aufgezeichnet und der Film Ihren Kindern vorgeführt.

Es ist gar nicht so schwer

Nein, jetzt folgt nicht die Aufforderung, dass Sie sich mit gespitztem Bleistift hinsetzen und auf dem Reißbrett für sich selbst eine ganz eigene Wertewelt erfinden sollen – oder einen Katalog von Tugenden, die Sie fortan verkörpern wollen. Erstens wäre das unsinnig und zweitens überflüssig. Denn Sie sind in Sachen »Werte« ja kein unbeschriebenes Blatt: Sie sind in eine Welt hineingeboren, in der bestimmte Wertvorstellungen vertreten werden. Wenn Sie aus dem hiesigen Kulturkreis kommen, dann sind das die Werte des christlichen Abendlandes. Dazu kommen die Werte Ihres Milieus und Ihrer Familie. Sie müssen Ihren Wertekanon also nicht komplett neu erfinden. Es geht vielmehr darum, dass Sie ihn sich vergegenwärtigen und auf den Prüfstein stellen, um ein *gutes* und *richtiges* Leben nach Ihrer Fasson zu führen.

Bevor Sie das tun, werfen Sie aber noch einen kritischen Blick auf Ihren eigenen inneren Schweinehund. Entwerfen Sie ein Profil seiner liebsten Laster, indem Sie alle zutreffenden Punkte ankreuzen. (Die Laster, die Sie selbst für unbedeutend halten, streichen Sie einfach durch.) Im zweiten Kapitel können Sie sich dann gleich auf die Tugenden konzentrieren, die Ihrem borstigen Begleiter momentan noch regelmäßig zum Opfer fallen und die Sie sich gerne aneignen möchten.

Die liebsten Laster meines Schweinehundes			
Laster	nicht ausgeprägt	ausgeprägt	stark ausgeprägt
Disziplinlosigkeit			
Egoismus			
Eitelkeit			
Falschheit			
Faulheit			
Feigheit			
Geiz			
Gewissenlosigkeit			
Hartherzigkeit			
Heuchelei			
Hinterlistigkeit			
Hochmut			
Illoyalität			
Mangelnde Fairness			
Maßlosigkeit			
Misstrauen			
Neid			
Rachsucht			
Redseligkeit			
Reizbarkeit			
Respektlosigkeit			
Schlampigkeit			
Streitbarkeit			
Taktlosigkeit			
Trägheit			
Überstürztes Handeln			
Unaufrichtigkeit			
Unentschlossenheit			

Die liebsten Laster meines Schweinehundes (Fortsetzung)			
Laster	nicht ausgeprägt	ausgeprägt	stark ausgeprägt
Ungeduld			
Ungerechtigkeit			
Unhöflichkeit			
Unordnung			
Unpünktlichkeit			
Untreue			
Unzuverlässigkeit			
Verantwortungslosigkeit			
Verschwendungssucht			
Wankelmütigkeit			
Zerstreutheit			

Tragen Sie nun die fünf ausgeprägtesten Laster Ihres Schweinehundes in die folgende Tabelle ein. Schreiben Sie dazu, welche Tugenden Sie einüben wollen, um diese besonderen Charakterschwächen Ihres Schweinehundes auszugleichen.

Die ausgeprägtesten Laster meines Schweinehundes	Mit diesen Tugenden schaffe ich ein Gegengewicht
❶	
❷	
❸	
❹	
❺	

Bevor Sie die Ärmel nun aber zum »Tugend-Training« hochkrempeln, schauen wir in Teil II dem Schweinehund in die Karten: Wie geht er vor, um Sie immer wieder vom Pfad der Tugend abzulenken? Welche sind seine schlagkräftigsten Argumente? Außerdem schauen wir uns an, was unter den wichtigsten Tugenden eigentlich zu verstehen ist und wie der Schweinehund diese Tugenden torpediert.

Teil II

Tummelplätze und Taktiken der Schweinehunde

So tickt Ihr innerer Schweinehund

Der Schweinehund ist so gerissen wie ein Geheimagent: Er agiert unbemerkt, taktiert hinter Ihrem Rücken und wickelt Sie mit seinen Argumenten um die Pfote. Sein moralischer Entwicklungsstand ist allerdings bei weitem nicht so gut entwickelt. Deshalb richtet er sich nicht nach Ihren ethischen Grundsätzen, sondern nach seinen eigenen Prinzipien:

1. Er handelt nach seinen spontanen Lustgefühlen. Die Konsequenzen sind ihm gleichgültig. Wenn es um seine Lust oder Unlust geht, blickt er niemals weiter als bis zu seiner eigenen *Nasenspitze*.
2. Seine egoistische Raffgier ist oft groß. Geht es um die Entscheidung, entweder ehrlich zu sein oder sich zu nehmen, was zu holen ist, vertritt er bevorzugt die *Nimm-was-du-kriegen-kannst-Haltung*.
3. Sollte der Schweinehund sich einmal dazu entscheiden, seinen Menschen gut und richtig handeln zu lassen, dann nur mit den entsprechenden Hintergedanken: Welchen *Profit* bringt es uns, wenn wir gut handeln? Umgekehrt: Welchen *Verlust* müssen wir verschmerzen, wenn wir es nicht tun?
4. Der Schweinehund schaut auch gerne mal über den eigenen Tellerrand, um zu sehen, was andere so machen. Dieser *Blick auf andere* dient allerdings in erster Linie dazu, die eigene Haltung zu bestätigen und zu sehen, was andere auch Schlechtes tun oder was

sie (an seiner Stelle) Gutes tun könnten. In vielen Fällen sieht der Schweinehund aber auch gerne, was andere »mehr« haben, um seinem Menschen einzuflüstern, nach dem Gleichen zu streben.

Der Schweinehund hält Sie zumeist schon von einem guten und richtigen Leben ab, bevor Sie überhaupt aktiv werden. Sie kommen also gar nicht erst in die Versuchung – und Sie merken es meist nicht einmal.

Oder doch? Vielleicht haben Sie Ihren Schweinehund ja schon so gut im Griff, dass Sie beschlossen haben, in Zukunft besser und richtiger zu leben. Dann sind Sie schon einen großen Schritt weiter, aber immer noch nicht am Ziel. Denn jetzt tut der Schweinehund wahrscheinlich alles, um Sie von Ihrem Vorhaben wieder abzubringen:

5. Er wirft beispielsweise die *Nebelmaschine* an, um eventuelle Vorsätze, etwas Gutes zu tun, zu verschleiern.
6. Oder er höhlt Ihre Vorsätze mit *Wischiwaschi-* oder *Möchtegern*-Formulierungen aus.

So könnten Ihre guten Vorsätze wie Kartenhäuser in sich zusammenbrechen, und Sie kommen mit Ihrem Plan, gut und richtig zu leben, nicht so richtig voran.

Oder haben Sie einige Ihrer Vorhaben trotz der Intervention Ihres Schweinehundes bereits umgesetzt? Hochachtung! Doch seien Sie bitte trotzdem auf der Hut. Auch wenn Sie Ihren Schweinehund schon ganz gut im Griff haben – er hat immer noch ein paar Tricks auf Lager:

7. Er drängt Sie dazu, immer wieder eine Ausnahme zu machen, bis Sie schließlich im *Ausnahmezustand* leben und
8. Ihre neue Haltung schließlich ganz *aufgeben*.

Schauen wir nun die einzelnen Tricks und Taktiken genauer an. Möglicherweise kommen Ihnen einige Beispiele und etliche Schweinehund-Argumente unangenehm bekannt vor.

Die Nasenspitzen-Perspektive

Markus hat gerade sein Referendariat abgeschlossen und seinen ersten Job als Anwalt angetreten. Endlich kann er mit Frau und Kind in eine größere Wohnung ziehen. Als er seinen Freund Torsten fragt, ob er beim Umzug helfen könne, bekommt dessen Schweinehund einen Tobsuchtsanfall: »Was? Beim Umzug helfen? Markus wohnt im fünften Stock – das ist ja eine Zumutung! Außerdem verdient er als Anwalt doch jetzt so gut, dass er sich einen Umzugsservice leisten kann! Und was ist mit deinem empfindlichen Rücken? Du hast genug Stress, da hat dir dieser Umzug gerade noch gefehlt!« Torsten sagt also – mit Hinweis auf Rückenschmerzen – seine Hilfe ab. Am Tag des Umzugs treibt er Sport und erzählt Markus anschließend begeistert von seinen Erfolgen. Markus lässt daraufhin die Freundschaft einschlafen. »Wieder einer weniger, der dir nur Arbeit macht«, grunzt Torstens Schweinehund zufrieden.

Der innere Schweinehund ist leider oft extrem kurzsichtig: Er blickt immer nur bis zur eigenen Nasenspitze – oder besser gesagt, bis zur Nasenspitze seines Herrchens. Um dessen Bequemlichkeit, dessen Lust oder Unlust sorgt sich der Schweinehund, die Bedürfnisse anderer Menschen sind ihm dabei meist herzlich egal. Weil Torstens Schweinehund fast immer gewinnt, krempelt der so gut wie nie die Ärmel hoch, um Freunden, Verwandten oder Kollegen zu helfen. Der »Nasenspitzen-Schweinehund« kommt mit einer Reihe sehr einfacher, aber hochwirksamer Argumente daher:

- »Das ist viel zu anstrengend.«
- »Das schaffe ich nicht.«
- »Dazu habe ich keine Lust.«
- »Lieber sitzen als schwitzen.«
- »Warum soll ich mich aufreiben?«

»Warum soll ich mich
aufreiben?«

Auch das Gegenteil kommt vor – bei Menschen, deren Schweinehund ein ausgeprägtes Helfersyndrom hat. Diese Saboteure fühlen
sich nur wohl, wenn sich ihr Mensch von morgens bis abends für
andere aufreibt. Was auf den ersten Blick nach einer altruistischen
Lebenshaltung aussieht, reicht bei genauerer Betrachtung leider oft
auch nicht weiter als bis zur eigenen Nasenspitze – denn ob die anderen die angebotene Hilfe tatsächlich wollen oder nicht, kümmert
sie meist nicht weiter. Andererseits besteht in diesen Fällen auch die
Gefahr, von anderen ausgenützt zu werden und sich selbst zu ver-
nachlässigen.

In all diesen Fällen gilt: Das kurzsichtige Agieren rächt sich auf
Dauer. Denn sowohl Menschen, die vor lauter Bequemlichkeit an-

deren nicht helfen, als auch solche, die ihre Hilfe blind und überall aufdrängen, können gravierende zwischenmenschliche Probleme bekommen.

Die Nimm-was-du-kriegen-kannst-Haltung

Eine junge Werbetexterin hat sich gerade selbstständig gemacht. Da findet sie in der Fußgängerzone eine Geldbörse, gefüllt mit einem 100-Euro-Schein und einem Dutzend Quittungen für Taxifahrten. »Toll!«, triumphiert Ihr Schweinehund. »Das ist eine willkommene Starthilfe! Deine neuen Visitenkarten müssen noch bezahlt werden, und eine schöne Schreibtischlampe hast du auch noch nicht.« Also steckt die junge Frau die Geldbörse ein. »Was es wohl mit diesen Quittungen auf sich hatte?«, fragt sie sich noch lange Zeit danach. »Hätte ich die Börse doch zum Fundbüro bringen müssen? Vielleicht hat jemand das Geld für die vielen Fahrten vorgelegt und bekommt es ohne Belege nicht wieder?«

Doch immer wenn das schlechte Gewissen sich meldet, setzt der Schweinehund sein breitestes Grinsen auf und gibt folgende Sprüche zum Besten:

- »Das Schicksal meint es gut mit dir!«
- »Wer so sorglos mit seinem Geld umgeht, der hat es nicht besser verdient.«
- »Das Gute liegt so nah – man muss es sich nur nehmen.«
- »Der Ehrliche ist der Dumme!«
- »Lieber unheimlich reich als ehrlich arm.«

Wer Geld findet, kann auf zweierlei Weise in ein Dilemma geraten – darauf weist Kurt Bayertz in seinem Buch *Warum überhaupt moralisch sein?* hin. Angenommen, er engagiert sich für ein soziales Projekt, das dringend Spenden braucht. Dann stellt sich ihm die

Frage: »Soll ich das gefundene Geld zum Fundbüro bringen, oder soll ich es dem Projekt zugutekommen lassen?« Er muss also zwischen zwei Optionen entscheiden, die »moralisch wertvoll« sind: einem Menschen sein Eigentum zurückgeben – oder für einen guten Zweck spenden.

Anders sieht die Sache aus, wenn der Finder einer gut bestückten Geldbörse erwägt, mit dem gefundenen Geld einen schönen Urlaub zu finanzieren. Dann muss er sich zwischen zwei Optionen entscheiden, wobei die eine der beiden (sich mit dem Geld ein schönes Leben zu machen) ganz klar unmoralisch ist.

Der Schweinehund in uns mischt sich besonders gerne ein, wenn es um ein unmoralisches Angebot geht. Er plädiert dann mit Vehemenz für ebendiese Variante. Entscheidungen zwischen zwei moralischen Optionen findet er eher langweilig und versucht deshalb oft bis zur letzten Sekunde, eine unmoralische Variante einzuschmuggeln.

Die Gewinn-Verlust-Rechnung

Cornelia E. gilt als beste Kinderärztin an der Hamburger Universitätsklinik Eppendorf. Sie behandelt schwerstkranke Kinder, gewinnt schnell das Vertrauen der oft verschreckten, kleinen Patienten. Doch Ende 2007 bricht ihre Karriere jäh ab: Sie wird wegen Betrugs, Urkundenfälschung und Körperverletzung angeklagt. Klinikleitung und Kollegen sind schockiert, ist sie laut Chefarzt doch als leidenschaftliche und »vorbehaltlos gute Medizinerin« bekannt. Was sie nicht wissen: Die Karriere von Cornelia E. basiert auf einer Lüge. Sie ist im Studium dreimal durch die ärztliche Vorprüfung, das sogenannte Physikum gefallen. Damit wäre ihr Studium eigentlich zu Ende gewesen, doch durch ein Versehen der Bürokratie kann sie weiterstudieren. Die fehlenden Prüfungsurkunden bastelt sie sich kurzerhand selbst. »Dilettantisch«, wie sie selbst sagt, doch der Personalabteilung reichen die Unterlagen aus. Cornelia E. lebt in der ständigen Angst, entdeckt zu werden. Tatsächlich ist es nur eine Frage der Zeit, bis die Hamburger Ärztekammer die Geduld verliert. Sie solle doch, schreibt die Kammer, nach drei Jahren endlich das Original ihrer ärztlichen Zulassungsurkunde vorlegen, und setzt im August die letzte Frist. Cornelia E. steht mit dem Rücken an der Wand. Was kann sie tun? Abhauen? Sich umbringen? Sie gibt sich als ihre Schwester aus und schreibt in deren Namen an die Kammer, Ärztin E. sei verstorben. Dann geht es ganz schnell: Die Ärztekammer informiert das Landesprüfungsamt, dieses alarmiert die Klinik, dann wird Cornelia E. zum Uni-Direktor zitiert. Ihre Karriere ist zu Ende, ihr Ruf ruiniert, vielleicht droht ihr sogar Gefängnis. Schwestern, Ärzte und die Eltern der von ihr behandelten Kinder schreiben ihr Briefe. »Wir haben Sie als Ärztin und Mensch schätzen gelernt«, heißt es da. Eine Mutter schreibt: »Bitte machen Sie sich weiter gegen HIV und für kranke Kinder stark.«[6]

Wie viel im Bewerbungsprozess getrickst wird, weiß keiner genau. In einer stichprobenartigen Studie des Düsseldorfer Detektivinstituts Kocks aus dem Jahr 2000 erwiesen sich aber 30 Prozent von 5 000 Bewerbungen als gefälscht. Geschönte Lebensläufe, gefälschte Zeugnisse und erlogene Titelangaben kamen dabei am häufigsten vor. Das alte Gebot »Du sollst nicht lügen« gilt in diesen Fällen vielen offenbar nicht mehr viel. Wichtiger scheint der Gewinn zu sein, der sich mit mehr oder weniger großem Bluff erzielen lässt – und die Schwere der Sanktion, die droht, wenn man erwischt wird.

Und sind die Anforderungen nicht ohnehin absurd? Die medizinische Vorprüfung zum Beispiel, die gespickt ist mit kniffligen Fragen und ohne Bezug zum späteren Beruf, besteht ein Fünftel der Studenten nicht. Experten wie Walter Burger, Hochschullehrer an der Berliner Charité, halten die Prüfung deshalb für ungeeignet. Sie begünstige Technokraten und schematisch denkende Menschen –

also gerade nicht diejenigen, für die der Arztberuf eine Herzensangelegenheit ist. »Ich war verblendet. Ich dachte, ich hole mir nur das, was mir zusteht«, zitiert die Zeitschrift *Der Spiegel* denn auch Cornelia E. Ihren inneren Saboteur plagten anscheinend keine großen Selbstzweifel:

- »Das merkt doch keiner.«
- »Die Leute wollen doch belogen werden, sonst würden sie strenger kontrollieren.«
- »Wenn alle bluffen, muss ich mitziehen.«
- »Der Zweck heiligt die Mittel.«
- »Wer wagt, gewinnt.«

Moralisch nur scheinbar besser schneidet dabei der Schweinehund ab, der sich zwar ehrlich sozial engagiert – aber nicht, weil es ihm eine Herzensangelegenheit ist, sondern weil er sich dadurch einen Profit verspricht. Ein Beispiel dafür ist die Figur der Paris aus der Fernsehserie *Gilmore Girls*:

Um ihre Bewerbung an der renommierten Universität Harvard aufzubessern, braucht Paris dringend noch einen Nachweis für ihr soziales Engagement. Sie telefoniert wie besessen mit verschiedenen sozialen Einrichtungen, die aber im Moment zufällig alle keine Helfer brauchen. Schließlich schnauzt Paris wütend ins Telefon, man solle sie doch endlich einfach irgendwo hinstellen, wo sie Essen an Obdachlose verteilen könne. Paris' Opportunismus macht ihr Engagement zur Groteske.

Der Blick auf andere

Der innere Schweinehund ist zwar grundsätzlich eher kurzsichtig. Wenn es aber darum geht, das eigene Verhalten mit dem Blick auf andere zu entschuldigen oder mögliche moralische Pflichten auf andere abzuwälzen, dann wird er erstaunlicherweise plötzlich zum scharfsichtigen Beobachter.

Ulrich Wickert erklärt dieses Phänomen in seinem Buch *Der Ehrliche ist der Dumme* mit dem Wertewandel seit den 60er Jahren: Während die Werte Selbstbestimmung und Selbstverwirklichung immer wichtiger wurden, spielten Pflicht und Fremdbestimmung eine immer kleinere Rolle. Mehr Freizeit, mehr Wohlstand, weniger Einfluss von Staat und Kirche und schließlich das Ende des ideologischen Drucks hätten privatistischen Lebensmaximen mehr Gewicht gegeben, schlussfolgert Ulrich Wickert. Das heißt: Jeder schlägt das Beste für sich heraus, und zwar ganz ohne schlechtes Gewissen. Denn wer glaubt, dass der Staat seine Mittel ungerecht verteilt, findet es nur gerecht, sich seinen Teil zurückzuholen. Und wer davon überzeugt ist, dass Spitzenmanager sich nach Gutdünken selbst bedienen, sieht keinen Grund, warum ethische Grundsätze ausgerechnet für ihn noch gelten sollen. Und so werden munter Steuern hinterzogen und Zuschüsse erschlichen. Und der Schweinehund in uns rechtfertigt diese Strategien dann mit Floskeln wie diesen:

- »Andere tun das doch auch (nicht).«
- »Was die da oben können, das kann ich schon lange.«
- »Ich bin doch nicht blöd.«
- »Was alle machen, kann so falsch nicht sein.«
- »Lieber das Gewissen verrenken, als dem Staat etwas schenken.«

Ganz klar sieht der Schweinehund auch, wer sich (statt seines eigenen Herrchens) hervorragend dazu eignet, Verantwortung oder Aufgaben zu übernehmen. Beispiele gibt es viele: Die Gemeinde sammelt Spenden? »Andere sind doch viel wohlhabender.« Müll trennen? »Die Industrie macht so viel Müll, da helfen ein paar sortierte Joghurtbecher auch nicht weiter.« Die Nachbarn brauchen Hilfe bei der Kinderbetreuung? »Andere kennen sich viel besser aus mit Schnullern und Gutenachtgeschichten.« Bahn fahren für die Umwelt? »Andere rauschen auch mit ihrem Auto über die Autobahn, warum soll ausgerechnet ich umsteigen?« Oma freut sich über Besuch im Pflegeheim? »Andere Familienmitglieder haben viel mehr Zeit als ich.« Der obdachlosen Frau ein paar Cent geben? »In diesem Land muss niemand verhungern.«

Viele gute Vorsätze kassiert der Schweinehund schon, bevor Sie diese überhaupt fassen konnten. Manchmal jedoch gelingt es, ein Vorhaben am Schweinehund vorbeizuschleusen. Aber Vorsicht: Wenn Sie erfolgreich beschlossen haben, in Zukunft gut und richtig zu leben, wird der Schweinehund wahrscheinlich versuchen, Sie wieder davon abzubringen. Zum Beispiel so:

Die Nebelmaschinen-Strategie

Eines der wirksamsten Anti-gut-und-richtig-leben-Mittel des Schweinehundes ist die Nebelmaschine. Sie hüllt Ihren bereits gefassten und kurz vor der Umsetzung stehenden guten Vorsatz so ein, dass Sie ihn kaum mehr erkennen können. So steht Ihnen Ihr Schweinehund bei der Formulierung Ihres Ziels »hilfreich« zur Seite und empfiehlt Ihnen zum Beispiel folgende Wischiwaschi-Formulierungen:

- »Ich möchte *ein bisschen mehr* auf meine Mitmenschen achten.«
- »*Etwas mehr* soziales Engagement wäre doch nicht schlecht.«
- »In Zukunft will ich den Schutz der Umwelt *etwas ernster* nehmen.«
- »*Häufiger* Zivilcourage zeigen – das sollte ich wohl tun.«
- »Ich werde für *mehr* Gerechtigkeit im Kollegenkreis sorgen.«

»Mehr«, »häufiger«, »bewusster«, »entschiedener« – solche Vorhaben gefallen dem Schweinehund außerordentlich gut. Warum? Ganz einfach: Der Schweinehund weiß, dass sie zum Scheitern verurteilt sind, er muss sich dafür nicht einmal großartig anstrengen. Denn die menschliche Klugheit (eine der Kardinaltugenden, doch dazu später mehr) kann nur wirksam werden, wenn sie den Weg zu einem *bestimmten* Ziel finden soll. Ist das Ziel jedoch im »Mehr-oder-weniger-Stil« formuliert, liegt es wie im Nebel. Und ist der Mensch auch mit noch so viel Klugheit ausgestattet, hier wird er sich voraussichtlich verirren.

Das Gleiche gilt übrigens nicht nur für ungenaue Zielangaben, sondern genauso für nebulöse Zeitvorgaben. Etwa so:

- »*Irgendwann* werde ich mal Mitglied in einem gemeinnützigen Verein.«
- »*Wenn* ich mal *mehr* Zeit habe, lese ich ein Buch über Werte.«
- »*Bald* ist es so weit, dass ich mal was spende.«

Das tückische an solchen Wischiwaschi-Formulierungen, die Ziel oder Zeit in Nebel hüllen: Sie fühlen sich im Augenblick, da Sie sie fassen, eigentlich damit ganz gut. Denn Sie sonnen sich in dem irrigen Gefühl, auf einem guten Weg zu sein, und genießen es gleichzeitig, dass dieser vermeintliche Weg überhaupt keine Anstrengung von Ihnen fordert. Aber eigentlich – um im Bild zu bleiben – irren Sie nur umher und Ihr Schweinehund folgt Ihnen treu und breit grinsend auf dem Fuß.

Die Möchtegern-Versuchsreihe

Wer wagt, gewinnt. Doch wer nur versucht, gewinnt meistens gar nichts. Denn hinter dem Versuch steht oft kein fester Wille, sondern eher ein vages Gefühl: das Gefühl, dass andere von Ihnen eine Verhaltensänderung erwarten. Doch Sie selbst können ganz gut mit Ihren schlechten Angewohnheiten leben. Vielleicht kennen Sie Situationen wie diese:

Jeden Sonntagnachmittag trifft sich die Großfamilie zum gemeinsamen Kaffeeklatsch. Und jedes Mal kommt Schwiegertochter Susanne nicht, wie vereinbart, um 16 Uhr, sondern eine Viertelstunde zu spät, manchmal sogar eine halbe Stunde oder noch später. Und jedes Mal hat sie eine andere Erklärung parat: Mal ist es der Verkehrsstau, mal sind es die Kinder, dann ein dringendes Telefonat. Ihr Mann kann es gut verstehen, dass Susanne keine besonders große Lust auf die Familientreffen hat, dennoch ist ihm ihre Unpünktlichkeit peinlich. »Komm doch bitte pünktlich – es ist mir wichtig!«, sagt er. »Nächste Woche versuche ich, pünktlicher zu sein«, antwortet Susanne. Und ihr Schweinehund nickt zufrieden, während er sich schon eine Ausrede für die nächste Verspätung ausdenkt.

Das bisschen Unpünktlichkeit, ein klein wenig Verschwendungslust, ein leichter Hang zur Unordentlichkeit, eine nicht eingehaltene Zusage hier und ein gebrochenes Versprechen da – das sind kleine Schwächen, die Sie versuchsweise vielleicht gerne abstellen möchten, aber *so* wichtig scheint Ihnen die Sache auch wieder nicht zu sein. Deshalb rät Ihr innerer Schweinehund zu einer unverbindlichen Versuchsreihe:

- »Ich versuche mal, ein bisschen mutiger zu sein.«
- »Mal sehen, ob ich meinen Konsum ein bisschen einschränken kann.«
- »Ich möchte mich so gern mehr engagieren – vielleicht klappt es ja.«
- »Eigentlich möchte ich gerne mehr Zivilcourage zeigen, falls es sich ergibt.«
- »Ich probiere mal, ein bisschen pünktlicher zu sein.«

Angenommen, Sie haben es tatsächlich geschafft, einen Vorsatz zu fassen und diesen auch umzusetzen. Wunderbar! Doch sollten Sie nach wie vor in Alarmbereitschaft bleiben. Der Schweinehund greift besonders gerne dann an, wenn Sie eigentlich nicht mehr mit ihm gerechnet haben.

Die Ausnahmefalle

Vielleicht kennen Sie dieses Phänomen: Eigentlich wollten Sie jeden Morgen joggen – sich also in der Tugend der Disziplin üben. Doch als sie die morgendliche Runde einmal wegen des schlechten Wetters ausfallen ließen, dann wegen Ihrer Kopfschmerzen, dann, weil Sie verschlafen haben – da waren Ihre Skrupel, das Vorhaben ganz sausen zu lassen, eigentlich schon völlig verschwunden.

Ähnliches geschieht häufig bei einer Diät, die die Tugend des Maßhaltens voraussetzt: Sie halten vielleicht eine Woche durch, essen dann (aus purer Höflichkeit!) Buttercremetorte beim 70. Geburtstag von Onkel Hans, bekommen tags darauf eine Tüte Ihrer Lieblingsplätzchen geschenkt, treffen sich dann mit Kunden zu einem Business-Lunch – und verschieben Ihre Diät auf die Zeit vor Ihrem nächsten Sommerurlaub.

In die Ausnahmefalle können Sie auch tappen, wenn Sie sich zwar um Ehrlichkeit bemühen, aber (»Nur dieses eine Mal!«) die Kassiererin nicht auf einen Fehler zu Ihren Gunsten aufmerksam machen. Oder zuverlässiger werden wollen und (»Es ist doch gar nicht deine Schuld!«) Ihren Termin doch wieder nicht einhalten.

Der Schweinehund versteht es also, Sie immer wieder zu einer Ausnahme zu überreden, bis der Ausnahmezustand schließlich zum Normalzustand wird. Das sind seine Argumente:

- »Einmal ist keinmal.«
- »Eine kleine Ausnahme – das macht doch nichts.«
- »Heute ist doch ein besonderer Tag, da gelten besondere Regeln.«
- »Wenn du dich selbst kasteist, ist damit niemandem gedient.«
- »Tu dir doch mal etwas Gutes!«

Die Abbruchtaktik

Angelika möchte sich sozial mehr engagieren. Sie nimmt Kontakt zu einem freien Kulturzentrum in ihrer Stadt auf und fragt, wie sie sich einbringen kann. »Werden Sie Mitglied in unserem Verein und kommen Sie zu unserer nächsten Sitzung«, heißt es. Frohen Mutes erwartet Angelika ihr erstes Treffen: Sie möchte Musikkurse für Kinder aus sozial schwachen Familien organisieren und diese Idee vorstellen. Einen passenden Musikpädagogen hat sie schon angesprochen. Doch welche Ernüchterung: In der Sitzung finden satt inspirierender Diskussionen kleine Scharmützel rund um Pöstchen und Budgets statt, Gerangel um Zuständigkeiten und Schuldzuweisungen. Angelika lässt ihre Idee in der Tasche und hofft auf bessere Stimmung in der nächsten Sitzung. Da stößt ihre Idee aber auf wenig Begeisterung. »Musikkurse für Kinder? Da haben wir schlechte Erfahrungen gemacht«, heißt es. »Und wenn wir überhaupt so etwas anbieten, dann muss das der Günter machen. Der ist zwar kein Musikpädagoge, aber der hat viel Erfahrung.« So schnell will Angelika sich nicht entmutigen lassen. Sie besucht noch einige Sitzungen des Vereins, dann aber findet sie immer häufiger einen Grund, den regelmäßigen Termin ausfallen zu lassen. Und schließlich quittiert sie den Verein.

Zu Recht? Vielleicht – bei diesem Verein. Wer gut sein will, rennt damit oft gegen verschlossene Türen. Da braucht es Beharrlichkeit, die widrigen Umständen trotzt. Und Freundlichkeit, die auch gegenüber wenig kooperativen Mitmenschen nicht in Gereiztheit oder gar Unverschämtheit umschlägt. Beides sind nicht gerade große Stärken des inneren Schweinehundes. Er lebt lieber gemütlich als mühsam. Deshalb argumentiert er so:

- »Warum reibst du dich so auf?«
- »Das bringt dir doch gar nichts.«
- »Undank ist der Welten Lohn.«

- »Du kannst mit deiner Zeit auch etwas besseres anfangen.«
- »Warum engagierst ausgerechnet du dich? Andere können auch mal etwas tun.«

•

Jetzt haben Sie einige der wichtigsten Taktiken des inneren Schweinehundes kennen gelernt. Vielleicht kamen Ihnen ein paar davon sehr bekannt vor – vielleicht hat Ihr persönlicher Schweinehund auch noch einige weitere Tricks auf Lager, die Sie nun ohne weiteres durchschauen.

Damit Sie nicht nur wissen, *wie* Ihr individueller Begleiter arbeitet, sondern auch, *wo* er Ihnen auflauert, nehmen wir nun die einzelnen Tugenden in den Blick: Zuerst die Kardinaltugenden, dann die Sekundärtugenden und schließlich weitere Tugenden wie Integrität oder Hilfsbereitschaft, mit denen der Schweinehund ganz besonders auf Kriegsfuß steht. Dabei sind diese verschiedenen Gruppierungen keineswegs im Sinne einer Hierarchie beziehungsweise eines Über-/Unterordnungsverhältnisses zu verstehen. Vielmehr hat diese Einteilung kulturgeschichtliche Gründe. Es soll jeweils darum gehen, wie eine Tugend zu verstehen ist, welchen Nutzen sie im Leben bringen kann und natürlich auch, warum der innere Schweinehund des Menschen damit Probleme hat. Außerdem werden Sie immer wieder die Gelegenheit bekommen, anhand von gezielten Fragen Ihr Verhältnis zur jeweiligen Tugend zu erforschen. Viel Spaß dabei und vor allem gute Erkenntnisse für Sie ... und natürlich auch für Ihren Schweinehund.

Die Tugenden im Überblick
I. Kardinaltugenden
• Klugheit
• Maßhalten
• Gerechtigkeit
• Tapferkeit
II. Sekundärtugenden
• Anstand und Höflichkeit
• Ordnung und Sauberkeit
• Pünktlichkeit und Zuverlässigkeit
• Disziplin und Pflichtbewusstsein
III. Weitere Tugenden
• Hilfsbereitschaft
• Integrität
• Ehrlichkeit
• Humor
• Dankbarkeit

Keine Chance den Kardinaltugenden

Klugheit, Gerechtigkeit, Tapferkeit, Mäßigung – diese Tugenden gelten als die vier *Kardinaltugenden*. Es handelt sich dabei um sehr altes Gedankengut: Die Idee entwickelte sich aus der griechischen, wanderte weiter zur römischen und schließlich zur christlichen Ethik.

Der Begriff Kardinaltugend leitet sich ab vom lateinischen Wort *cardo* (= »Türangel«). »Kardinaltugenden sind also Dreh- und Angelpunkte menschlicher Existenz«, schreibt Jesuitenpater Brantschen. »Oder anders gesagt: Die vier grundlegenden Tugenden sind die Angeln des Tors zu einem erfüllten Leben für andere und für sich selbst.«

Die Kardinaltugenden sind – davon sind die meisten Philosophen überzeugt – nicht einzeln zu haben: Die Klugheit etwa gilt als »Lenkerin« der Tugenden – denn ohne Klugheit kann man weder gerecht noch tapfer oder maßvoll leben. Die Gerechtigkeit wiederum ist die Grundlage aller Tugenden – denn auch ein Schuft kann durchaus schlau, durchhaltestark und selbstbeherrscht sein.

Klugheit

> Wie die Medizin die Kunst ist,
> die Gesundheit zu erhalten,
> das Steuern die Kunst,
> ein Schiff zu lenken,
> so ist die Klugheit die Kunst zu leben.
> *Karneades*

Keine Tugend ist ohne Klugheit denkbar: Wer tapfer ist, aber nicht klug, der ist ein Haudegen. Wer gerecht ist, aber nicht klug, ist ein Prinzipienreiter. Und wer ohne Klugheit maßhält, ist vielleicht einfach zwanghaft. »Ohne die Klugheit könnten die anderen Tugenden mit ihren guten Absichten bloß den Weg zur Hölle pflastern«, bringt der Philosoph Comte-Sponville den Zusammenhang auf den Punkt.

Umgekehrt nutzt Ihnen die Klugheit ohne die anderen Tugenden nichts. Allein ist sie wie ein Werkzeug, das ungenutzt in der Ecke steht. Sie ist Tatendrang, kann aber nichts tun. Kommt die Klugheit ins Spiel, dann sind Sie fähig, hier und jetzt richtig zu handeln. Also: gerecht zu sein, zuverlässig zu sein, nicht über die Stränge zu schlagen, Hilfe zu leisten. Und zwar mit dem richtigen Maß. Das ist manchmal gar nicht so einfach:

Renate pflegt Ihre über 90-jährige Mutter. Sie möchte der schwer kranken und gebrechlichen Frau das Leben so angenehm wie möglich machen und nimmt deshalb alle nur erdenklichen Mühen und Kosten auf sich. Als die alte Dame nicht mehr spricht und ihre Umwelt kaum mehr wahrnimmt, bestellt Renate einen Minibus mit behindertengerechter Einrichtung. Damit möchte sie ihre Mutter spazieren fahren, um ihr auf diesem Weg noch eine Freude zu bereiten. Mit Mühe verlädt Renate den Rollstuhl in das neue Auto. Doch die Mutter zeigt – außer einem leicht gequälten Gesichtsausdruck – keine Regung. Dreimal unternimmt Renate eine Spazierfahrt, dann lässt sie den Wagen in der Garage stehen.

Möglicherweise war Renate zu Beginn eher einem unklugen Aktionismus verfallen, der letztlich auch für Ihre Mutter nicht hilfreich war, statt sich von ihrer Weisheit lenken zu lassen, denn Hilfsbereitschaft ohne Klugheit verfehlt oft ihr Ziel.

Sie brauchen also beides: Tugenden und Klugheit. Wenn dann Courage gefragt ist, werden Sie weder feige noch hitzköpfig handeln. Geht es um Fleiß, erledigen Sie Ihre Arbeit gewissenhaft, ohne einerseits den Eifer nur vorzutäuschen und ohne andererseits in sinnlose »Fleißarbeit« abzudriften. Mit Ihrem Sinn für Ordnung bringen Sie Struktur in Ihre Angelegenheiten, die nicht nur den oberflächlichen Anschein einer Aufgeräumtheit erzeugt, aber auch nicht in Pedanterie ausartet.

Und was ist mit dem Schweinehund selbst? Ist er nicht auch klug? Er ist vielleicht *scharfsinnig*, wenn er seinem Menschen die guten Vorsätze ausredet. Er ist *gerissen*, wenn er seinem Menschen einen Vorteil verschaffen will. Aber er ist nicht klug – im Sinne einer *Lebensklugheit*. Der Lebenskluge nämlich orientiert sich an seinem Lebensglück, das heißt an seinem langfristigen Wohlergehen. Er versucht, in jeder Situation eine angemessene Lösung zu finden, und weiß, dass diese Lösung für ihn nicht immer nur Annehmlichkeiten mit sich bringt.

All dies passt dem Schweinehund überhaupt nicht. Er schlägt immer den kürzesten Weg zum vermeintlichen Glück ein und hat keinen Sinn für Angemessenheit. Er will das vordergründig Beste, und zwar hier und jetzt und sofort. Insbesondere hat er Schwierigkeiten mit folgenden Punkten:

1. Die Triebe zügeln. Vielleicht plädiert Ihr Schweinehund manchmal dafür, dass Sie im Bett liegen bleiben, statt zur Arbeit zu fahren. Oder dafür, dass Sie sich in die Arme einer attraktiven Frau oder eines attraktiven Mannes werfen statt in die Ihres Ehepartners. Der Schweinehund verspricht Ihnen einen sofortigen Lustgewinn. Und die Klugheit sagt: »Kurzfristig mag es angenehm sein, eine spontane Lust auszuleben. Aber langfristig führt das zu Unbehagen oder auch Neid.«

Manchmal rät Ihnen die Klugheit auch, kurzfristig eine Unlust auf sich zu nehmen, um langfristig davon zu profitieren. In die Kategorie dieser Ratschläge fallen etwa Vorsorgeuntersuchungen (Zahnarzt!), Diäten und regelmäßige Joggingrunden. Ihr Schweinehund wiederum wird meist alles tun, um Sie vor derartigen Unannehmlichkeiten zu schützen.

2. Sensibel und umsichtig sein. Wenn Sie klug handeln, sind Ihre Sinne hellwach: Wer handelt wie? Wer sagt was? Welche Zwischentöne klingen in der Kommunikation? Wollen Sie zum Beispiel neue Ideen einbringen, dann knallen Sie diese nicht einfach auf den Tisch (auch wenn Ihr Schweinehund das vielleicht gerne hätte), sondern Sie gehen umsichtig vor. Sie sprechen zur richtigen Zeit mit den richtigen Personen und finden die richtigen Worte. Außerdem bedenkt der Kluge in seinem Handeln immer auch die Konsequenzen, die sich für andere Menschen ergeben.

3. Vorausschauend handeln. Wenn Sie klug sind, achten Sie nicht nur auf das aktuelle Geschehen, sondern auch auf das, was geschehen könnte. Das lateinische Wort für Klugheit, *prudentia*, kommt von *providere,* was »vorausschauen« und »sich vorsehen« heißt.

Diese Fähigkeit geht dem Schweinehund völlig ab, der – wie gesagt – ja immer nur im Augenblick lebt und von Glücksmoment zu Glücksmoment strebt – immer auf dem kürzesten Weg. Umweltschutz ist ihm deshalb zum Beispiel eine Last (»Müll sortieren, Energiesparlampen besorgen, Bahn fahren – macht alles extra Arbeit!«). Auch die Tugenden der Zuverlässigkeit und Pünktlichkeit liegen ihm eher weniger, denn sie erfordern ein vorausschauendes Zeitmanagement.

Die Klugheit	Der innere Schweinehund
sucht den richtigen Weg zum Ziel	sucht den kürzesten Weg zum Ziel
plädiert für das richtige Maß	fordert das Unermessliche
möchte langfristig gelingendes Leben	will Lust, Rausch und Ekstase
schaut in die Zukunft	lebt hier und jetzt
nimmt Rücksicht auf andere	berücksichtigt nur die eigenen Interessen
erträgt Unbehagen, wenn dadurch langfristig angenehme Folgen zu erwarten sind	vermeidet Unbehagen, auch wenn dadurch langfristig noch mehr Unbehagen droht

Fragen an Sie und Ihren Schweinehund:

1. *In welchen Situationen hält Ihr Schweinehund Sie gezielt davon ab, klug zu handeln – und plädiert stattdessen für blindes, überstürztes oder sogar gerissenes Agieren? Was bewirkt er damit?*
2. *Wann hat Sie Ihr Schweinehund dagegen auch mal besonders klug handeln lassen? Und aus welchem möglichen Grund?*
3. *Welche Bedingungen müssen gegeben sein, damit Ihr Schweinehund Ihre Klugheit nicht sabotiert?*

Mäßigung

> Ich schätze den als tapferer,
> der sein Verlangen überwindet
> als jenen, der seine Feinde besiegt.
> Denn der schwerste Sieg
> ist der Sieg über sich selbst.
> *Aristoteles*

»Maßvoll sein heißt, mit wenig zufrieden sein können; doch entscheidend ist nicht das *Wenig*, sondern das *Können*: die Genügsamkeit«, schreibt André Comte-Sponville. Es gehe nicht um Askese, nicht um Selbstkasteiung – das wäre wieder Moral im falsch verstandenen Sinne –, sondern um den richtigen Punkt in der Mitte zwischen dem Extrem der »Unmäßigkeit« auf der einen und dem der »Sprödheit« auf der anderen Seite. (So hat Aristoteles die Tugend der Mäßigung beschrieben.)

Maßhalten, besonnen sein – das ist die Tugend, die uns am meisten herausfordert, weil sie lebensnotwendige Triebe im Zaum halten muss: Essen, Trinken, Sexualität und damit auch die entsprechenden Laster *Gula* (Völlerei) und *Luxuria* (Wollust).

Die Mäßigung muss überdies auch die übrigen der sieben Laster zügeln. Sie sorgt dafür, dass Sie sich bei unberechtigter Kritik zwar ärgern, aber keinen blinden *Zornesausbruch* bekommen. Umsichtig mit Ihren Mitteln umgehen, ohne *geizig* zu werden. Sich entspannen können, ohne in *Lethargie* zu verfallen. Eigene Leistungen ohne *Eitelkeit* darstellen und die Leistungen anderer *neidlos* anerkennen können.

Heute betrifft Mäßigung nicht nur den Umgang mit dem ursprünglich Lebensnotwendigen, sondern auch den Umgang mit Information und Medien, mit Konsumgütern und mit der Zeit.

Information und Medien

Insbesondere die Medien verführen dazu, sich geradezu berauschen zu lassen – einerseits in Form der Berieselung durch bunte Bilder, andererseits in Form hektischer Betriebsamkeit. Oder beides zugleich. So ist es möglich, gleichzeitig das TV-Gerät laufen zu lassen, einen Stapel Zeitschriften und Werbeblättchen durchzublättern, SMS zu schreiben und zwischendurch gelegentlich die E-Mails zu checken. Der innere Schweinehund liebt diese Art der Geschäftigkeit sehr: Sein Mensch hat das Gefühl, unheimlich viel zu tun, während tatsächlich nichts Wesentliches passiert.

Konsumgüter

Heide wohnt mitten in einer Großstadt, ganz in der Nähe der größten Einkaufsstraße. Beinahe jeden Tag wird sie magisch angezogen von den großen Kaufhäusern und kleinen Läden, von den Cafés und Konditoreien. Und beinahe jeden Tag kauft sie hier eine Kleinigkeit, oder sie erfüllt sich dort einen größeren Wunsch. Wenn sie einmal wieder versucht zu sparen, dann lässt sie ihre Geldbörse zu Hause. Doch abends überkommt es sie wieder – und so schaut sie sich im Internet Online-Shops an, bestellt hier dieses und dort jenes. Sie liebt das Gefühl, etwas Neues nach Hause zu tragen. Oder etwas Besonderes gefunden zu haben. Gleichzeitig ärgert sie sich über ihren miesen Kontostand und darüber, dass ihre kleine Wohnung über und über gefüllt ist mit Krempel, den sie eigentlich nicht braucht.

In den westlichen Industrienationen leiden viele Menschen unter dem Überfluss mehr als unter irgendeiner Form des Mangels. Es gibt viele Superangebote, immer wieder Sonderposten, reichlich Saisonware und irgendwo ist immer Schlussverkauf. Der Schweinehund hält Sie in ständiger Hektik, damit sie bloß kein Schnäppchen verpasst. Um sich zu erholen, will er shoppen. Um sich etwas zu gönnen, will er shoppen, und er will auch shoppen, damit sich sein Mensch selbst verwirklichen kann. (»Ich shoppe, also bin ich« lautet eine moderne Abwandlung des Descartesschen Credos »Ich denke, also bin ich«.) Der Schweinehund liebt die bunten Supermärkte und den Rummel in den Fußgängerzonen. Er trägt gerne dicke Tüten voller Beute nach Hause. Und wenn sich nach dem Shopping ein merkwürdig schales Gefühl breitmacht, schlägt er gleich den nächsten Schnäppchenprospekt auf.

Zeit

Wer heute sagt: »Ich habe Zeit«, der macht sich verdächtig. Ist er etwa nicht erfolgreich? Hat er keine Verpflichtungen? Keine interessanten Freizeitbeschäftigungen? Keinen großen Freundeskreis? Heute gilt es häufig als *gut* und *richtig*, im Stress zu sein, obwohl es offensichtlich ist, dass das maßlose Vollstopfen des Terminkalenders mit Aufgaben, Projekten, Meetings, Hobbys und Reisen schlicht und ergreifend der Gesundheit schadet. Der Denker Blaise Pascal hat dies sehr schön auf den Punkt gebracht, als er schrieb: »Wenn ich es gelegentlich unternommen habe, die vielfältige Geschäftigkeit der Menschen zu betrachten, (…) habe ich entdeckt, dass alles Unglück der Menschen von einem einzigen herkommt: sie verstehen es nicht, in Ruhe in einem Zimmer zu bleiben.«

•

In welchem Zusammenhang steht nun die Mäßigung zu den anderen Tugenden? Sie ist *kluges* Genießen, weil sie nicht *mehr* genießen will, sondern *besser*. Man könnte die Tugend des Maßhaltens also als kleine Schwester der großen Klugheit bezeichnen. Sie ist, vor allem im Vergleich mit der heroischen Tapferkeit, relativ unscheinbar und alltäglich.

Und das macht diese Tugend so tückisch. Sobald wir morgens die Augen aufschlagen, haben wir mit ihr zu tun: Es gilt, sich gegebenenfalls von der Person loszureißen, die wir lieben; beim Duschen nicht zu viel Wasser zu verschwenden; beim Frühstück weder zu viel noch zu wenig Kaffee (oder Tee) zu trinken; im Auto auf dem Weg zur Arbeit nicht zu schnell zu rasen, aber auch nicht zu bummeln; im Büro freundlich zu sein, aber auch bestimmt; produktiv zu sein, aber sich nicht mit Arbeit zuschütten zu lassen. Beim Mittagessen nicht über die Stränge zu schlagen, aber auch nicht aus Übereifer zu fasten. Sich nachmittags nicht der Müdigkeit hinzugeben, aber auch nicht sinnlos zu rotieren. Und sich am Feierabend weder vorm Fernseher noch an der Theke oder sonst wo zu vergessen.

Wie gesagt: Es geht nicht darum, die Genüsse einzuschränken, sondern darum, die Genussfähigkeit zu steigern. Nicht weniger, sondern bewusster genießen. Selbstbestimmt genießen, sich von den Genüssen (oder besser gesagt: vom inneren Schweinehund) nicht versklaven lassen, nicht süchtig danach werden. Sich über ein Glas Wein, ein gutes Essen und eine wunderbare Musik freuen, aber auch ohne weiteres darauf verzichten können.

Der Schweinehund kann das meist nicht und er will es eigentlich auch nicht. Er ist von Natur aus prinzipiell maßlos und hat vor allem mit den folgenden Anforderungen des Alltags seine Schwierigkeiten:

1. Aufhören. Der Schweinehund hindert Sie daran, den Fernsehapparat auszuschalten (»Nur noch diese Sendung fertig schauen!«). Er hält Sie davon ab, die halbvolle Tüte Chips wegzustellen (»Nur noch eins!«). Und vielleicht ermutigt er Sie auch, Ihre heimliche Affäre weiterhin zu treffen, obwohl Sie schon in den größten Schwierigkeiten stecken (»Nur noch dieses eine Mal!«). Wie untergräbt der Schweinehund Ihren Willen? Zum Beispiel mit dem Hinweis auf Ihre dringenden geistigen oder körperlichen Bedürfnisse. Doch der Körper braucht gar nicht so viel. Die ständige Gier nach mehr ist ein Produkt der Fantasie.

Dabei kann Ihnen die Fantasie auch helfen, mit weniger Genussmitteln auszukommen, indem sie Erinnerungen an vergangene Genüsse wachruft oder die Vorstellung kommender Genüsse (Vorfreude) ermöglicht.

2. Warten. Kaum etwas findet der Schweinehund schlimmer als das Warten. Es bedeutet ja, dass seine Gelüste nicht sofort befriedigt werden! So drängt er seinen Menschen möglicherweise dazu, vor der vereinbarten Zeit von der Torte zu naschen und die besondere Flasche Sekt im November statt an Silvester zu öffnen.

3. Unterscheiden. Dem Schweinehund ist es nicht so wichtig, ob etwas wirklich gut ist oder nicht. Er will vor allem viel: viel Essen, viel Trinken, viel Sex, viel Urlaub, viel Fernsehen. Es ist ihm einfach zu mühsam, auf die Qualität zu achten. Lieber nimmt er die eine oder andere Enttäuschung in Kauf, erträgt einen verstimmten Magen oder einen verkaterten Kopf, als zuerst ruhig und überlegt auszusuchen, und dann zu genießen.

Die Mäßigung	Der innere Schweinehund
ist genügsam	ist unersättlich
genießt auch das Gewöhnliche	ist süchtig nach dem Besonderen
liebt den intensiven Genuss	sucht den exzessiven Genuss
will besser genießen	will mehr genießen
zügelt die Leidenschaften	lebt heftige Affekte aus
freut sich über das Gefühl der Leichtigkeit und inneren Freiheit	leidet unter dem Gefühl des Entzugs und unter der Abhängigkeit
ist die Herrin der Lust	ist der Sklave seiner Gelüste

Fragen an Sie und Ihren Schweinehund:

1. *In welchen Lebensbereichen lässt Sie Ihr Schweinehund am liebsten über die Stränge schlagen? Warum macht ihm das wohl solchen Spaß?*
2. *In welchen Situationen gelingt es Ihnen beiden dagegen gut, das richtige Maß zu finden, und woran könnte das liegen?*
3. *Was könnten Sie konkret tun, damit es Ihnen in Zukunft häufiger gelingt, maßzuhalten?*

Gerechtigkeit

> Die größte Frucht der Gerechtigkeit ist der Seelenfriede.
>
> *Epikur*

Die Gerechtigkeit ist wie ein Sockel, auf dem alle anderen Tugenden aufbauen. Ohne Gerechtigkeit können sich Klugheit, Mäßigung und Tapferkeit auch in den Dienst einer schlechten Sache stellen. So kann ein Schurke durchaus gerissen, kühn und beherrscht sein – wenn er aber auch rechtschaffen ist, dann ist er kein Schurke mehr.

Wenn Sie gerecht sein wollen, heißt das nicht, dass Sie es allen *recht machen* müssen. Wenn Sie das versuchen, werden Sie ohnehin nur zum Spielball der individuellen Interessen anderer Menschen – beziehungsweise ihrer Schweinehunde. Es heißt vielmehr, dass Sie möglichst jedem *gerecht werden*.

Dies können Sie beispielsweise tun, indem Sie für jeden die gleichen Gesetze gelten lassen und kühl anwenden. Aber was, wenn die Gesetze, denen Sie folgen, der Lage eben nicht gerecht werden? Die Gesellschaft braucht Gesetze, aber auf der zwischenmenschlichen Ebene wirkt die unreflektierte, buchstabengetreue Anwendung von Gesetzen oft unangemessen und ist wenig geeignet, um der Komplexität der konkreten Lage gerecht zu werden. Das ist ein Grund für den großen Erfolg der Kolumne »Gewissensfragen«, die Rainer Erlinger, promovierter Jurist und Mediziner, seit Jahren im Magazin der *Süddeutschen Zeitung* veröffentlicht. Hier, verkürzt, eine der Leserfragen:

Ein Au-pair-Mädchen wurde beim Diebstahl im Kaufhaus erwischt und zu zwei Monaten Gefängnis verurteilt. Sie muss nach der Haft sofort das Land verlassen und bittet ihre Gastfamilie deshalb, ihre Sachen aufzubewahren und später einem Bekannten zu geben, der sie abholen wird. Die Familie hat die Arbeit des Mädchens sehr geschätzt, die Kinder haben sie geliebt. Im Zimmer des Mädchens findet die Familie allerdings weiteres Diebesgut im Wert von mehreren Tausend Euro. Nun stellt sich die Frage: Soll das Diebesgut dem Bekannten des Mädchens übergeben werden? Oder der Polizei? Oder einem karitativen Zweck?

Erlinger antwortet vor allem als Jurist: Das Diebesgut muss zur Polizei gebracht werden, nicht zuletzt deshalb, weil die Familie sonst mit in die Sache hineingezogen würde und sich selbst strafbar macht. Aus dieser Perspektive ein völlig klarer Fall. Doch die Familie hat ein ungutes Gefühl dabei: Sie hat das Mädchen gemocht und will ihm nicht noch mehr Ärger einhandeln, als es ohnehin schon hat. Soll man sie nun behandeln wie jede »gewöhnliche« Diebin oder aufgrund der persönlichen Verbindung doch ein Auge zudrücken? Ein Dilemma. Was ist gerecht? Ist es richtig, sich nach dem Recht zu richten?

»Der billig Handelnde ist derjenige, der unabhängig vom geschriebenen Gesetz gerecht ist«, sagt Aristoteles. Es ist der, für den im Zweifelsfall die Egalität mehr zählt als die Legalität, die Gleichheit mehr als die Rechtmäßigkeit. Gleichmacherei ist damit allerdings nicht gemeint. Vielmehr geht es um die Gleichheit von Individuen, von denen jedes zugleich individuell verschieden ist. Das klingt sehr abstrakt. Schauen wir uns deshalb an, was dies im Alltag konkret bedeutet.

Gerechtes Teilen

Besonders für Kinder ist es wichtig, dass alle »das Gleiche« bekommen: für jeden die gleiche Anzahl Süßigkeiten, für jeden eine blaue Sandschaufel. Werden Unterschiede gemacht, quittieren sie dies manchmal mit regelrechten Zornesausbrüchen. Es ist schwer für sie zu verstehen, dass es gerecht sein kann, wenn der große Bruder eine größere Portion Bratwurst mit Pommes frites bekommt als sie selbst. Solche Situationen können strapaziös sein. Zur moralischen Herausforderung für Ihren Schweinehund werden sie vor allem, wenn Sie selbst auch in der Reihe derjenigen stehen, denen Sie etwas zuteilen. »Jedem sein Teil, nicht zu viel und nicht zu wenig, und mir selbst, *als wäre ich irgendwer*«, sagt Aristoteles. »Ich bin aber nicht irgendwer!«, beschwert sich Ihr Schweinehund. »Ich will die heißesten und meisten Pommes frites und eine Extrawurst. Die Kinder merken das doch gar nicht.«

Faire Verträge

Ein Vertrag – sei es ein Kaufvertrag, ein Mietvertrag oder ein Arbeitsvertrag – ist nur dann gerecht, wenn die Vertragspartner tatsächlich Partner sind. Das heißt, wenn Leistung und Gegenleistung in Balance sind. In diesem Sinne *nicht* gerecht ist es, einen unerfahrenen Menschen »übers Ohr zu hauen«, indem man ihm eine Sache zu einem überteuerten Preis verkauft, eine unbewohnbare Wohnung vermietet oder zu einem unangemessen kleinen Lohn anstellt. Ungerecht ist es auch, wenn ein Vertragspartner zum Beispiel zu günstigen Bedingungen vom Vertrag zurücktreten kann, der andere aber nicht.

Der Schweinehund zieht andere gerne über den Tisch. Er liebt das Gefühl, mit einer dicken Tasche Geld oder mit einem echten Schnäppchen aus einer Verhandlung zu gehen. Ob seine Verhandlungsstrategie den Maßstäben der großen Kardinaltugend Gerechtigkeit genügt, ist ihm gleichgültig. Übrigens: Wenn Sie sich nicht sicher sind, ob Sie in einer Verhandlung vom Pfad der Tugend abkommen oder nicht, versetzen Sie sich doch einfach in die Rolle Ihres Gegenübers: Würden Sie den Vertrag abschließen, wenn Sie an seiner Stelle säßen?

Beim Abschluss von Verträgen hat Gerechtigkeit auch viel mit Ehrlichkeit zu tun, vor allem, wenn diese auf Grundlage unehrlicher Angaben zustande kommen: Der Bewerber hat gar kein echtes Diplom, der Keller des Hauses ist – anders als im Gutachten angegeben – nicht trocken, der Wagen ist entgegen den Angaben des Verkäufers nicht unfallfrei. Gerechtigkeit hat auch mit maßhalten zu tun: Schließlich geht es darum, Anteile (auch die eigenen) richtig zu bemessen. Ehrlichkeit und Maß gehören nicht zu den Tugenden, die den Schweinehund auszeichnen. (Wie gesagt: Er will den schnellen Lustgewinn, egal wie.) Und mehr noch bereitet ihm Schwierigkeiten:

1. Seinem Egoismus nicht blind folgen. Natürlich hat Ihr Schweinehund zunächst einmal nur Ihre eigenen Interessen im Blick. So flüstert er Ihnen Ausreden ein, damit Sie nicht zur Jahreshauptversammlung Ihres Vereins gehen müssen. Er verrät Ihnen kleine Tricks, damit Sie nicht schon wieder ein Protokoll schreiben müssen, und wird im Alltag immer wieder versuchen, altruistisches Handeln zu verhindern und persönliche Vorteile für Sie zu sichern. Und zwar nicht aus böser Absicht, sondern weil ihm Ihre Interessen halt wichtiger sind als die Ihrer Mitmenschen. Allerdings hat das eben mit Gerechtigkeit nicht viel zu tun, denn Gerechtigkeit ist in den meisten Fällen eher das Gegenteil von Egoismus.

2. Auf den eigenen Vorteil verzichten. Der Schweinehund achtet peinlich genau darauf, dass sein Mensch nicht zu kurz kommt. Gelegentlich schlägt er dabei über die Stränge und erkämpft Sondervorteile – natürlich nicht auf geradem Wege. So kann er beispielsweise versuchen, Ihnen zu helfen, dass Sie ein klein wenig mehr aus der Erbmasse bekommen, als Ihnen eigentlich zusteht. Denn für einen Schweinehund ist es geradezu widernatürlich, auf einen sich bietenden Vorteil zu verzichten. Genau das ist aber im Namen der Gerechtigkeit oft erforderlich.

3. Für andere eintreten. Der Kollege wird gemobbt. Die Kollegin bekommt ein ungerechtes Zeugnis. »Na und?«, sagt der Schweinehund, »was hat das mit dir zu tun?« Also mischt man sich nicht ein. Man könnte sich zusätzliche Arbeit und noch mehr Ärger zuziehen, als man ohnehin schon hat. Der fette, faule, egoistische Schweinehund ist nicht in der Lage, sich überhaupt nur vorzustellen, etwas ohne eigenen Profit zu tun. Wenn er sich schon die Mühe macht, sich aus seinem Körbchen zu wälzen, dann muss auch etwas dabei herausspringen.

Die Gerechtigkeit	Der innere Schweinehund
schaut aus der Perspektive des anderen	blickt nur bis zur eigenen Nasenspitze
gewährt allen die gleichen Rechte	will Privilegien für sich selbst
gibt jedem seinen Teil	will für sich das meiste
folgt den Gesetzen, die sie für richtig hält	sucht die Gesetzeslücken, um das Beste für sich herauszuschlagen/ ungeschoren durchzukommen
lässt sich vom Recht leiten	lässt sich von der Macht leiten
ist rechtschaffen	ist rechthaberisch
ist bereit, auch zu verzichten	will den eigenen Vorteil nicht zurück- stecken

Fragen an Sie und Ihren Schweinehund:

1. *Bei welchen Gelegenheiten bringt Sie Ihr Schweinehund dazu, ungerecht oder unfair zu handeln? Was sind dabei wohl seine Motive?*
2. *Gibt es Situationen, in denen es Ihnen leichtfällt, gerecht zu handeln?*
3. *Welche Rahmenbedingungen braucht Ihr Schweinehund, damit er Sie nicht hindert, gerecht zu agieren?*

Tapferkeit

> Vollendete Tapferkeit besteht darin,
> ohne Zeugen zu tun,
> was man vor aller Welt
> zu tun vermöchte.
>
> *La Rochefoucauld*

Wer gerecht ist, aber nicht tapfer, der kann zwar über das Rechte reden, es aber nicht durchsetzen. Wer ohne Tapferkeit maßzuhalten versucht, dem fehlt das Durchhaltevermögen. Und wer zwar klug ist, aber ein Feigling, der kennt vielleicht den richtigen Weg zum guten und richtigen Leben, schreitet vor lauter Angst aber nicht zur Tat. Tugenden brauchen Tapferkeit.

Umgekehrt braucht die Tapferkeit auch die anderen Tugenden. Ohne Gerechtigkeit ist Tapferkeit lediglich die Entschlossenheit zur Tat – und sei es zu einer Missetat. Ohne Klugheit ist der Tapfere nichts weiter als ein Draufgänger. Und ohne Maß kann niemand tapfer sein. Denn Tapferkeit ist die Mitte zwischen Tollkühnheit (maßlosem Mut) und Feigheit (maßloser Angst). Zwischen Allmachtsfantasie und Ohnmachtsgefühl.

Im heutigen Sprachgebrauch ist die Bezeichnung *mutig* möglicherweise klarer und geläufiger als *tapfer*. Wer von *Mut* spricht, bezieht sich wahrscheinlich eher auf eine punktuelle Aktion für andere, während er mit *tapfer* eher das geduldige Ertragen eines Schicksalsschlags meinen könnte.

Die mutige Handlung zeugt von innerer Freiheit und von großer Selbstbeherrschung. Und das ist der Grund, warum wir den mutigen Menschen so bewundern. Wer mutig handelt, der tut nicht einfach das, was alle tun. Er bricht aus der Masse aus und greift ein: Er packt einen Schuft am Schlafittchen, er nennt ein Unrecht beim Namen. Und mehr noch: Wer mutig ist, der *handelt* nicht nur autonom, sondern er *denkt* auch so. Er schließt sich nicht einfach der Mehrheitsmeinung an.

Olaf ist entschlossen, nach Thailand auszuwandern. Er hat sich dort um einen Job bei einer Spedition bemüht, nächsten Monat kann er vor Ort anfangen. »Er rennt vor den Konflikten mit seiner Familie davon«, fällt ein Kommentar in seinem Freundeskreis – natürlich in seiner Abwesenheit. »Er kauft sich eine Ehefrau«, heißt es weiter. »Er lebt seine Gelüste aus«, wird gemutmaßt. Alle scheinen sich einig darin zu sein, dass Olafs Plan, auszuwandern, aus den verschiedensten Gründen unmoralisch ist. Olaf ist Gesprächsthema Nummer eins, und je länger die Clique über den Fall tratscht, desto wüster werden die Unterstellungen. Christian, ein eher introvertierter Mensch, platzt der Kragen: »Niemandem von uns steht es zu, über Olaf zu urteilen«, hält er den verdutzten Freunden entgegen. »Denn niemand von uns kennt seine wahren Beweggründe.«

»So besonders mutig ist das ja nun nicht unbedingt, eine andere Meinung zu äußern«, mögen Sie einwenden. In der Tat. So, wie es keine Gerechtigkeit an sich gibt, sondern Gerechtigkeit immer erst in dem Moment entsteht, in dem ein Mensch gerecht handelt, so ist es auch mit dem Mut. Er kann, je nach Situation, die unterschiedlichsten Formen annehmen und den Einzelnen auf ganz unterschiedliche Weise herausfordern: Ein zur Tollkühnheit neigender Feuerwehrmann ist mutig, wenn er die Flammen besonnen bekämpft. Ein zur Ängstlichkeit neigendes Kind ist mutig, wenn es sich von einem zunächst fremden Arzt untersuchen lässt. Es kommt immer auf das Temperament und die Aufgabe einer Person und auf die Größe der tatsächlichen, aber auch subjektiv empfundenen Gefahr an.

Zivilcourage: Einsatz für andere

Ihr Mut wird dann besonders bewundert, wenn Sie sich für andere einsetzen. Wenn Sie zum Beispiel eine Frau verteidigen, die belästigt wird – auch wenn Sie selbst kein durchtrainierter Hüne sind. Oder einen Menschen unterstützen, dem Ihrer Einschätzung nach Unrecht geschieht: Sei es durch einen Lehrer, einen Vorgesetzten oder durch staatliche Gewalt. Je gefährlicher Ihr Einsatz ist (subjektiv und objektiv), desto mehr müssen Sie Ihren inneren Schweinehund überwinden. Der nämlich hält meist nichts von Zivilcourage. »Wenn das schiefgeht, handelst du dir nichts als Ärger ein«, warnt er. Oder: »Warum machst du dir mit fremden Angelegenheiten die Hände schmutzig? Das dankt dir niemand.«

Tapferkeit: Selbst unverzagt bleiben

Wenn Sie sich nicht durch ein unverschuldetes Unglück aus der Bahn werfen lassen, das Ihnen körperliche (wie eine Krankheit) oder seelische (der Tod eines nahen Menschen) Schmerzen bereitet, sondern dieses geduldig ertragen, ohne sich entmutigen zu lassen – dann sind Sie wirklich tapfer. Auch hier müssen Sie Ihren Schweinehund überwinden. Nicht so sehr, um sich selbst zur Tat durchzuringen, sondern eher, um durchzuhalten. Das Erdulden ist dem Schweinehund nämlich unerträglich. Er ist meist ein rechter Jammerlappen.

Engagement: Einsatz für das Gemeinwohl

Setzen Sie sich in einer Organisation für Menschenrechte oder für den Umweltschutz ein? Arbeiten Sie in einer Gewerkschaft mit oder im Betriebsrat? Engagieren Sie sich also für eine Aufgabe und nehmen dabei mögliche Nachteile in Kauf? Dann können Sie sich in der Tat ohne Überheblichkeit auch als mutig und tapfer bezeichnen.

•

Mut und Tapferkeit setzen die Fähigkeit voraus, Angst zu überwinden. Das bedeutet aber nicht – und das ist ein wichtiger Unterschied –, keine zu haben. Ohne Angst kann man nämlich auch aus Dummheit, mangelnder Erfahrung oder aus Empfindungslosigkeit sein. Es gilt sogar, mehr zu bezwingen als nur die Angst, auch der Drang zum Faulenzen, zur Ablenkung oder zum Ausreißen will überwunden werden. Und natürlich wird all das vom Schweinehund aktiviert.

Um Missverständnisse gleich auszuräumen: Sie dürfen durchaus auch mal ausweichen, nachgeben oder sogar in scheinbarer Feigheit auch fliehen. Doch kommt es auf die Situation an. Angst und Unlust können sogar gute Ratgeber sein, der Verstand muss aber immer auch ein Wörtchen mitreden, was jeweils sinnvoller ist: Engagement oder Ruhe, Genuss oder Verzicht, Flucht oder Kampf.

Der Schweinehund ist in der Regel alles andere als tapfer oder mutig. Er ist eher feige – aus purer Faulheit, aus Egoismus und aus Weichlichkeit. Er *hofft* lieber auf einen guten Ausgang, als dass er aufsteht und etwas dafür tut. Folgendes fällt ihm besonders schwer:

1. Handeln statt reden. Es ist leicht, davon zu sprechen, wie mutig man im Angesicht der Gefahr sein wird – deshalb plädiert der Schweinehund oft für große Worte. Wie groß Mut und Tapferkeit wirklich sind, zeigt sich nur im Augenblick. Doch dann, und darauf spekuliert der Schweinehund, sind die hehren Worte wohl längst vergessen. Wenn's nach ihm ginge: Lieber viele Worte als mutige Taten.

2. Anfangen. Besonders hartnäckig ist der innere Schweinehund, wenn Sie etwas Neues beginnen wollen. Je mehr Mut gefordert ist, desto mehr stellt er sich quer. Er möchte, dass alles immer so bleibt, wie er es kennt. Denn das macht vermeintlich am wenigsten Arbeit und bringt keine Verunsicherung mit sich. Deshalb erledigen Sie an Ihrem Schreibtisch auch viel lieber Kleinkram, als eine Bewerbung zu schreiben. Oder sortieren lieber Socken, als Ihren neuen Schwarm anzurufen. In diesem Sinne kann auch das Goethe zugeschriebene Zitat verstanden werden: »Vor jeden Neubeginn stellen die Götter die Wächter der Angst.«

3. Durchhalten. Durchzuhalten ist eine besondere Ausprägung von Tapferkeit. Hierbei gilt es, an einer Sache dranzubleiben, trotz möglicher Niederlagen, Schmerzen, Bedenken und natürlich trotz aller Einflüsterungen des Schweinehundes, der alles tun will, einen zum Abbrechen zu bewegen. Der Lustgewinn und die Befriedigung, die man später quasi als Belohnung für das Durchhalten bekommt, ist für Ihren Schweinehund im Augenblick nicht zu erahnen.

»Bei soviel Tugend nehme ich Reißaus!«

Die Tapferkeit	Der innere Schweinehund
hält durch, ohne zu klagen	klagt, ohne durchzuhalten
versucht, anderen aus Notlagen zu helfen	versucht, selbst nicht in Not zu geraten
leistet Großes ohne große Worte	macht große Worte ohne große Taten
lässt sich durch Schicksalsschläge nicht entmutigen	lässt sich schon durch den Gedanken an einen Schicksalsschlag entmutigen
handelt nach bestem Wissen und Gewissen	tut das, was alle tun
wagt es, selbst zu denken	denkt das, was alle denken
packt an	läuft weg

Fragen an Sie und Ihren Schweinehund:

1. *In welchen Situationen torpediert Ihr Schweinehund tapferes Handeln – und lässt Sie vielleicht sogar auftreten wie ein »feiger Hund«? Was könnten dabei seine Gründe sein?*
2. *Wann lässt er Sie dagegen mutig und tapfer agieren? Und warum?*
3. *Was können Sie tun, damit Ihr Schweinehund in Zukunft mutiges und tapferes Handeln seltener sabotiert?*

Sabotage der Sekundärtugenden

»Sekundärtugenden« – das klingt wie »Tugenden zweiter Klasse«. Tatsächlich sehen das einige Philosophen so, wenn sie diese als technisch oder funktional beschreiben. In diesem Sinne sind Sekundärtugenden so etwas wie die Hilfsarbeiter der Kardinaltugenden. Ob sie Gutes bewirken oder nicht, liegt nicht in ihrem Einflussbereich, sondern hängt davon ab, in welcher Sache sie eingesetzt werden. So kann ein Hochstapler durchaus eine geschliffene Höflichkeit an den Tag legen. Und ein Labor, in dem illegale Versuche durchgeführt werden, kann durchaus sauber und ordentlich sein.

Andere sehen die Sekundärtugenden nicht als zweitrangig an – im Gegenteil. Ihrer Einschätzung nach werden in der Erziehung zuerst die Sekundärtugenden eingeschliffen, allem voran die Höflichkeit. Diese Dressur äußerer Formen führe schließlich zu einer guten inneren Haltung, nach dem Motto: Zuerst die *guten Sitten*, dann das *gute Sein*.

Angesichts einer solchen Diagnose verwundert es nicht, dass der Schweinehund die Sekundärtugenden genauso wenig mag wie die Kardinaltugenden, vielleicht sogar noch weniger. Für ihn sind Sekundärtugenden eine Zumutung: Der Mensch bekommt sie in der Kindheit eingetrichtert, wird fortwährend ermahnt, dann verinnerlicht er sie (im besten Fall) und muss sich dennoch sein ganzes Leben lang immer wieder aufraffen, um nicht vom Pfad der Tugend abzukommen. Er muss sich immer wieder überwinden, so wie er sich auch zum Joggen immer wieder überwinden muss.

»Was heißt hier ›muss‹? Da habe ich ein Wörtchen mitzureden«, regt sich der Schweinehund auf. Er weiß sehr gut, wie er sich um jedes »Muss« herumdrücken kann. Denn, wie gesagt: Wenn er muss, dann will er erst recht nicht. Da ist er genau so wie ein Kind in der Trotzphase. Er will lieber Spaß haben, seinen Launen folgen, Chaos veranstalten – das genaue Gegenteil von »geschliffen« sein.

Aber seien Sie nicht zu streng mit dem borstigen Anteil Ihrer eigenen Persönlichkeit. Ihr Schweinehund hat ja auch die gute Absicht, Sie vor zu viel Anstrengung zu schützen. Deshalb kassiert er nicht nur Ihren Vorsatz, jeden Morgen zu joggen, sondern regelmäßig auch Ihre Sekundärtugenden. Denn wenn Sie in Sachen Disziplin, Pflichterfüllung, Zuverlässigkeit und Ordnung zu streng mit sich selbst sind, dann laufen Sie möglicherweise Gefahr, Ihre innere Balance zu verlieren und vielleicht sogar in einen Burn-out zu rutschen.

Ihr Schweinehund schützt außerdem Ihr Ego. Ihre Autonomie ist ihm wichtig, und deshalb fällt es ihm so schwer, sich an Regeln zu halten, die ihm von außen vor die Nase gesetzt werden. Das betrifft allgemeine Umgangsformen (einen Dankesbrief schreiben) genauso wie konkrete Vereinbarungen oder Pflichten (das Protokoll bis 15 Uhr abliefern).

Nicht zuletzt repräsentiert der Schweinehund den archaischen Teil Ihrer Persönlichkeit (anders gesagt: den kleinen Neandertaler in Ihnen). Kein Wunder also, dass er mit der Höflichkeit besondere Schwierigkeiten hat.

Anstand und Höflichkeit

> Die Höflichkeit, diese chinesische
> Kardinaltugend, ist eine stillschweigende
> Übereinkunft, gegenseitig die moralisch und
> intellektuell elende Beschaffenheit
> voneinander zu ignorieren.
>
> *Arthur Schopenhauer*

Der Schweinehund will die Grundbedürfnisse seines Menschen so schnell und einfach wie möglich befriedigen. Es fällt ihm deshalb außerordentlich schwer, zum Beispiel mit dem Essen erst zu beginnen, wenn alle Platz genommen, sich »Guten Appetit« gewünscht haben. Im Supermarkt verhält sich der Schweinehund meist nicht viel anders als ein Neandertaler auf Mammutjagd.

Beim wöchentlichen Einkauf wundert Sabine sich jedes Mal über sich selbst: Entschlossen und wagemutig kämpft sie um die besten Stücke auf dem Wühltisch. Mit Adleraugen beobachtet sie die Bewegungen der Kassiererinnen. Nähert sich eine der Damen, um eine weitere Kasse zu öffnen, so stürmt sie an das freie Laufband, um ihre Beute möglichst schnell zahlen, dann in den Tiefen ihrer Einkaufstaschen und schließlich im Kofferraum ihres Kleinwagens in Sicherheit bringen zu können. Blockiert dann noch jemand ihre Garageneinfahrt, so sträuben sich ihr die Nackenhaare und sie verwandelt sich in eine fauchende Hexe. Was der Fahrer des anderen Fahrzeuges zu hören bekommt, soll hier aus Gründen des Anstandes dem Leser erspart bleiben.

Für den Schweinehund ist Höflichkeit in manchen Situationen nichts als eine überflüssige Äußerlichkeit. Er wehrt sich gegen die Disziplinierung durch *gute Sitten*, ist in den meisten Fällen lieber roh und ungeschliffen. Was der Anstand gebietet, ist ihm oft einfach zu viel Arbeit: Danksagungen schreiben, Antrittsbesuche abstatten, Small Talk, Begrüßung und Abschied. Es kommt sogar vor,

»Lassen Sie mich vor – ich bin
Schweinehund!«

dass er nicht einmal Lust dazu hat, eine für den Anlass angemessene Kleidung aus dem Schrank zu ziehen.

Mit folgenden Argumenten versucht er, seinem Menschen das Leben leichter zu machen:

- »Lass das doch, das ist doch sowieso altmodisch.«
- »Andere machen sich auch nicht so viel Mühe.«
- »Du hast keine Zeit für derartig komplizierte Sitten.«
- »Höflichkeit ist eine Zier, doch weiter kommt man ohne ihr.«
- »Es ist mir egal, wie *man* sich verhält. Ich verhalte mich so, wie es für mich gut ist.«

Fragen an Sie und Ihren Schweinehund:

1. *In welchen Situationen hindert Sie Ihr Schweinehund, höflich zu sein? Und aus welchem Grund?*
2. *Bei welchen anderen Gelegenheiten lässt er Sie dagegen Ihren Mitmenschen mit Anstand begegnen? Und weshalb gerade in diesen Fällen?*
3. *Was könnte Ihnen helfen, auch in Zukunft häufiger höflich und mit Anstand zu agieren?*

Ordnung und Sauberkeit

> Ordnung führt zu allen Tugenden.
> Aber was führt zur Ordnung?
> *Georg Christoph Lichtenberg*

Dinge sofort wegzuräumen macht scheinbar mehr Arbeit, als sie einfach irgendwohin zu pfeffern – dass es langfristig unangenehmer ist, eine völlig chaotische Wohnung wieder bewohnbar zu machen, verdrängt der Schweinehund. Langfristiges Denken ist ihm so fremd wie gute Sitten. Das Gleiche gilt für Sauberkeit: Dass es viel weniger Arbeit macht, regelmäßig zu putzen und kleine Malheure direkt zu beseitigen, als später fingerdicke Verkrustungen zu lösen – das scheint ihn nicht zu interessieren.

Geht es ums Aufräumen und Entrümpeln, wirft der Schweinehund Ihnen gleich mehrere Steine in den Weg:

- Er verhindert den Anfang, weil Faulsein viel schöner ist als Aufräumen und er Unordnung gerne mag. (»Ich brauche kreatives Chaos.«)
- Er zögert Entschlüsse hinaus, was wohin geräumt werden soll, weil er Angst hat, falsche Entscheidungen zu treffen. (»Ich kann das nicht.«)

- Er schlägt einen großen Bogen um Ablagestapel, daraus könnten ja unangenehme Vorgänge und unerledigte Korrespondenz hervorkommen.
- Er vermeidet es, geliehene Gegenstände zurückzugeben, weil er zu faul dazu ist, aber auch zu habgierig.
- Er verschiebt das Entrümpeln von Garage, Dachboden und Vorratskammer immer wieder, weil er einen starken Hang zum Horten hat (»In der Not werde ich froh sein, dass ich es habe!«), sich nicht von ehemals teuren Dingen trennen kann (sonst müsste er ja zugeben, dass er Geld möglicherweise verschwendet hat), niemanden vor den Kopf stoßen will (»Ich muss es in Ehren halten!«) und gern in schönen Erinnerungen schwelgt.

Bei Ordnung und Sauberkeit kommt nicht nur der gewöhnliche Schweinehund vor. Gelegentlich mischen sich auch neurotische Kollegen ins Spiel. So gibt es den zwanghaften, der gar nichts anderes tun möchte als putzen und räumen. Und auf der anderen Seite den »Messie«, der überhaupt nicht in der Lage ist, eine Wohnung auch nur annähernd in Ordnung zu halten. In beiden Fällen liegt meist eine ernst zu nehmende Störung vor, und in solchen Fällen kann professionelle Hilfe ratsam sein.

Fragen an Sie und Ihren Schweinehund:

1. *In welchen Lebensbereichen hindert Sie Ihr Schweinehund, Ordnung zu halten und für Sauberkeit zu sorgen? Und wieso gerade in diesen Fällen?*
2. *Wo hat er dagegen keinerlei Probleme mit Ihrer Sauberkeit und Ordnung? Und warum?*
3. *Welche Voraussetzungen müssen gegeben sein, damit Ihr Schweinehund Sie auch in Zukunft in Ruhe aufräumen und putzen lässt – oder es zumindest erlaubt, dass jemand für Sie aufräumt und putzt?*

Pünktlichkeit und Zuverlässigkeit

> Wage es, weise zu sein: beginne! Wer die
> Stunde, richtig zu leben, aufschiebt, gleicht
> dem Bauern, der darauf wartet, dass der Fluss
> austrocknet, bevor er ihn überquert. Doch er
> fließt weiter und wird es ewig tun.
>
> *Horaz*

Es ist wie verhext. Sobald Vorstandsassistentin Cornelia einen Abgabetermin bekommt, verspürt sie einen unwiderstehlichen Drang, diesen nicht einzuhalten. Wenn es um faule Ausreden geht, wird sie richtig kreativ: Einmal muss sie dringende andere Dinge erledigen, das nächste Mal bereitet der Computer Probleme, dann sind Unterlagen nicht auffindbar. »Wenn ich das nicht in den Griff bekomme, bin ich meinen Job bald los«, fürchtet sie.

Bei vielen Menschen mag der innere Schweinehund Abgabetermine nicht, insbesondere dann nicht, wenn sie seinem Herrchen oder Frauchen ohne Absprache vorgesetzt werden. So etwas kränkt seinen Stolz, und deshalb stellt er sich quer. Er möchte seine Autonomie zeigen – und manchmal möchte er dem anderen auch einfach eins auswischen.

Mit der Zuverlässigkeit hat der Schweinehund auch deshalb Probleme, weil er lieber der Lust folgt als der Pflicht. Die momentane Befindlichkeit ist immer wichtiger als die Vereinbarung. Manchmal ist er auch zu feige, einen vereinbarten Termin rechtzeitig abzusagen. Dies alles hindert ihn aber nicht daran, gekränkt zu sein, wenn sich ein anderer nicht an eine gemeinsame Vereinbarung hält.

Mit der Tugend der Pünktlichkeit steht der Schweinehund ebenfalls auf Kriegsfuß. Denn dazu ist vorausschauendes Handeln notwendig: rechtzeitig Vorbereitungen treffen, rechtzeitig das Haus verlassen, eventuelle Verzögerungen von vornherein einplanen. Der Schweinehund aber lebt nur im Augenblick. Deshalb sind Vorhaben wie »an jedem Abend den nächsten Tag planen« an sich eine prima Idee – für den Schweinehund aber eher eine Zwangsjacke.

Der Hang zur Unpünktlichkeit ist jedoch nicht nur ein Zeichen von Gedankenlosigkeit des Schweinehundes – er ist auch ziemlich rücksichtslos. Denn wer seine Zeit bis zur letzten Sekunde für sich selbst nutzt (und sei es zum Herumwursteln) und dabei in Kauf nimmt, dass ein anderer warten muss, der hält unbewusst seine eigene Zeit für wertvoller als die des anderen. Hier zeigt sich, wie egozentrisch und respektlos manche Schweinehunde eingestellt sein können.

In Sachen Pünktlichkeit und Zuverlässigkeit fallen dem Schweinehund regelmäßig folgende Ausreden ein:

- »Ich konnte doch nichts dafür, die Umstände waren so schwierig.«
- »Andere halten sich auch nicht an Termine.«
- »Ein paar Minuten Verspätung machen doch niemandem etwas aus.«
- »Was kümmern mich heute meine Zusagen von gestern?«
- »Ich lasse mich von niemandem hetzen.«

Fragen an Sie und Ihren Schweinehund:

1. *Wann lässt Sie Ihr Schweinehund typischerweise zu spät kommen? Wofür könnte das aus seiner Sicht gut sein?*
2. *In welchen Fällen hat er dagegen keinerlei Probleme mit Ihrer Pünktlichkeit und Zuverlässigkeit? Warum gerade bei diesen Angelegenheiten?*
3. *Wie können Sie Ihren Schweinehund dazu bringen, dass er Sie häufiger pünktlich und zuverlässig handeln lässt?*

Disziplin und Pflichtbewusstsein

> Das Muss ist hart – aber beim Muss
> kann der Mensch allein zeigen, wie's
> inwendig mit ihm steht.
> Willkürlich leben kann jeder.
> *Johann Wolfgang von Goethe*

»Brrrrrr!«, schüttelt sich der Schweinehund und möchte am liebsten, dass Sie gleich weiterblättern. Disziplin! Pflicht! Etwas Furchtbareres kann sich Ihr kleiner Begleiter überhaupt nicht vorstellen. Beide Begriffe klingen nach Zwang, nach Fremdbestimmung – und das mag der Schweinehund nun schon gar nicht. Der abstrakten Idee der »Pflicht« ist der Schweinehund ohnehin nicht zugänglich. Er denkt an militärischen Drill, an Lehrer mit Rohrstock, und würde er den großen Denker Immanuel Kant kennen, dann liefe ihm ein Gruselschauer den borstigen Rücken hinunter.

Für Kant steht die Pflicht über allem. Er spricht von der Pflicht als einem *Joch* und ruft (Achtung, jetzt wird es pathetisch): »Pflicht! du erhabener, großer Name … welches ist der deiner würdige Ursprung, und wo findet man die Wurzel deiner edlen Abkunft, welche alle Verwandtschaft mit Neigungen stolz ausschlägt?« »Mit Neigungen bin wohl ich gemeint«, beschwert sich Ihr Schweinehund und schnauzt Richtung Pflichtgefühl: »Na warte, dich kriege ich auch noch klein!« Man kann es nur hoffen. Denn ein Leben, das sich nur auf Pflicht gründet, hat keinen Platz für Spontaneität, Lebensfreude und Glücksgefühle. Es ist geradezu menschenfeindlich.

Andererseits: Ganz ohne Disziplin wird keine Arbeit fertig, wird kein sportliches Match gewonnen, wird keine Prüfung geschafft und keine Sonate souverän gespielt. Ohne Pflichtgefühl gibt es in keiner Familie Zusammenhalt und in den Unternehmen keine Loyalität. Es kommt auch hier auf das richtige Maß an. Wenn das stimmt, könnte sogar der Schweinehund ein Einsehen zeigen. Doch das disziplinierte Durchhalten wird ihm weiterhin schwerfallen.

Er mault und mosert:

- »Warum werde ausgerechnet ich in die Pflicht genommen?«
- »Ich habe Wichtigeres zu tun.«
- »Ich bin ein freier Mensch.«
- »Disziplin ist einfach nicht mein Ding.«
- »Ich folge meiner Intuition.«

Fragen an Sie und Ihren Schweinehund:

1. *In welchen Lebensbereichen will Ihr Schweinehund mit Disziplin und Pflichtbewusstsein nichts zu tun haben? Warum steht er gerade hier mit diesen Tugenden auf dem Kriegsfuß?*
2. *Wo hat er dagegen keinerlei Probleme, Sie diszipliniert und pflichtbewusst handeln zu lassen? Warum exakt in diesen Fällen?*
3. *Was müssen Sie tun, damit Ihr Schweinehund Sie auch in den sonstigen Fällen diszipliniert und pflichtbewusst handeln lässt?*

Die Sekundärtugenden	Der innere Schweinehund
verlangen innere Haltung	lässt sich lieber hängen
verleihen Standfestigkeit	läuft weg
wollen Ordnung	liebt das Chaos
verlangen Klarheit	fischt im Trüben
bevorzugen Geradlinigkeit	windet sich gern herum und heraus
nehmen den richtigen Weg zum Ziel	sucht den kürzesten Weg zum Ziel
zeigen Respekt vor Menschen und Dingen	handelt respektlos
orientieren sich an Pflicht und Konvention	orientiert sich an Lust und Laune
stellen die Gemeinschaft in den Mittelpunkt	stellt sich selbst in den Mittelpunkt

»Im Trüben fischt es sich besonders gut.«

Weitere Tugenden, die der Schweinehund kassiert

Mit Kardinaltugenden und Sekundärtugenden gibt sich der innere Schweinehund längst nicht zufrieden. Sein Appetit ist riesig, er verlangt nach mehr. Zu seinem Glück ist die Liste der Tugenden lang. Gewappnet mit seinen liebsten Lastern – der Faulheit, Feigheit und Selbstverliebtheit – stört er Sie gezielt, sobald Sie *gut und richtig* handeln wollen. So torpediert er jeden Anflug von Hilfsbereitschaft, er untergräbt Ihre Integrität, verführt Sie zu Unehrlichkeit, zu Undankbarkeit und dazu, dass Sie sich selbst viel zu ernst nehmen. Die Liste ließe sich verlängern. Da es sich aber bei fast jeder dieser Eigenschaften um eine Variante oder Verwandte der primären und sekundären Tugenden handelt, mag an dieser Stelle eine Auswahl besonders schweinehundanfälliger Beispiele ausreichen.

Hilfsbereitschaft

> Glaub mir, es ist eine königliche Handlung
> Gefallenen zu helfen.
>
> *Ovid*

Warum helfen Menschen? Weil sie in der Lage sind, mit anderen Menschen mitzufühlen. Sie fühlen die Not, den Schmerz oder die Trauer und beschließen spontan, die Ärmel hochzukrempeln, um die Not zu wenden. Hilfsbereitschaft ist individuell und spontan, Basis sind meist Gefühle, allen voran Liebe, Nächstenliebe und

Großherzigkeit. Basis kann aber auch ein starker Sinn für Gerechtigkeit sein oder ein starkes Pflichtgefühl. Man muss also nicht unbedingt mitleiden, um mithelfen zu wollen.

Doch Mitleid ist eine ebenfalls nicht zu unterschätzende Triebfeder. Für einige Philosophen ist Mitleid sogar die *Mutter aller anderen Tugenden,* das, was uns von der Barbarei trennt, und also das, was den Menschen zum Menschen macht. »Denn wer weder durch Vernunft noch durch Mitleid bewegt wird, anderen Hilfe zu leisten, den nennt man mit Recht einen Unmenschen, da er einem Menschen unähnlich zu sein scheint«, sagt Spinoza.

Die Tugend der Hilfsbereitschaft kann sich erst dann richtig entfalten, wenn sie sich mit den Kardinaltugenden verbündet. Entscheidend ist freilich das richtige Maß: Mitleid, Hilfsbereitschaft, Wohlwollen sind wichtige Tugenden, aber bei keiner von ihnen geht es darum, sich selbst zu schädigen. Das wäre auch kontraproduktiv, denn nur der kann helfen, der mit seiner Kraft haushaltet. In Kooperation mit dem Mut kann Hilfsbereitschaft zur Heldenhaftigkeit wachsen; fehlt ihr der Mut, richtet sie unter Umständen nur wenig aus. Und im Verbund mit Gerechtigkeit erreicht die Hilfsbereitschaft möglicherweise etwas Erhabenes – denken Sie nur an Sankt Martin, der seinen Mantel mit einem Frierenden teilt.

Hilfsbereitschaft braucht unbedingt auch ein gutes Maß an Klugheit, und zwar nicht nur im Sinne von Intelligenz, sondern auch von Informiertheit. Das zeigt das folgende Beispiel – wieder eine Leserfrage an Rainer Erlinger, hier verkürzt wiedergegeben. Der Fall ist alles andere als alltäglich, zeigt aber, wie sehr es bei Hilfeleistungen auf umsichtiges Handeln ankommt und darauf, die jeweiligen Hintergründe zu kennen.

Eine Touristin wird von großzügigen Sudanesen eingeladen, die nicht erlauben, dass sie in einem Hotel wohnt. Um sich erkenntlich zu zeigen, kauft die Touristin mit dem eingesparten Urlaubsgeld einen jungen Sudanesen aus dem Gefängnis in Khartoum frei, der wegen eines Tötungsdelikts zu lebenslanger Haft verurteilt wurde. Nach islamischem Recht ist es möglich, Inhaftierte mit einem Lösungsgeld für die Familie des Opfers freizukaufen. Ob es auch richtig ist, darüber gerät die Touristin nach Ihrer Hilfsaktion ins Grübeln. Was, wenn der junge Mann wieder jemanden umbringt?

Dass die Touristin einen Gefangenen freikauft, ist nach der dortigen Rechtslage »ordnungsgemäß«, bestätigt Erlinger. Problematisch ist allerdings, dass sie nicht im Sinne der Tradition handelte. Diese sieht vor, so Erlinger, dass das »Blutgeld« von den männlichen Verwandten des Täters aufgebracht wird. Der Freikauf erfolgt also traditionell in festen Familienstrukturen, was den Täter an weiteren Verbrechen hindern soll. Genau dieser soziale Kontrolleffekt fällt aber weg, wenn eine Unbeteiligte das Lösungsgeld zahlt, die außerhalb der Familie *und* außerhalb des dortigen Wertesystems steht. »Ihr Handeln war sicher auch gut gemeint«, antwortet Erlinger denn auch der Leserin, »an seinen Ergebnissen gemessen jedoch bedenklich.« Tatsächlich ist *gut gemeint* oft sogar das Gegenteil von *gut gemacht*.

Emotionale Korrektheit

Hilfsbereitschaft wird in Zeiten medialer Vernetzung weniger daran bemessen, wie viele Menschen wirklich vor Ort »die Ärmel hochkrempeln« und etwas Konkretes tun, sondern eher daran, wie viele Menschen ihre Geldbörsen öffnen. Großes Erstaunen weckte die enorme Spendenbereitschaft nach dem Tsunami in Ostasien. Wie kam es dazu? Zum einen, mutmaßten die Experten, kannten viele Menschen die betroffenen Regionen von eigenen Urlauben. Zum anderen waren nicht nur Einheimische von der Katastrophe betroffen, sondern auch eigene Verwandte und Freunde, die gerade vor Ort waren. Dazu kommt die Tendenz, dass Medien heute Nachrichten immer stärker emotionalisieren: durch dramatische

Nahaufnahmen etwa, unterlegt mit aufwühlenden Klängen, und durch die geschickte Inszenierung von Einzelschicksalen. Das geht unter die Haut, holt den Menschen aus seiner Ich-Zentriertheit heraus und führt zu dem Wunsch, die hübsche Summe auf dem eigenen Girokonto mit anderen, Hilfsbedürftigen, zu teilen.

Andere Deutungen sind eher unfreundlich: Es handle sich bei der Spendenfreudigkeit um nichts weiter als »emotionale Korrektheit«, die sich unter dem heutigen »Dogma des Mitfühlens« (so eine Formulierung des in England lehrenden Soziologen Frank Furedi) herausgebildet habe. Wer spendet, tut dies, weil *man* es heute eben tut.

»Die Spenden haben für mich etwas von einer emotionalen Ablasszahlung an sich«, spitzt Peter Winterhoff-Spurk zu, Professor für Psychologie und Leiter der Arbeitseinheit für Medien- und Organisationspsychologie an der Universität des Saarlandes, in einem *Focus*-Interview.[7] Man kauft sich frei, muss sich aber nicht selbst die Hände schmutzig machen.

Steuern sparen

Noch profaner ist möglicherweise die Motivation der Stiftungsgründer, denen es darum zu gehen scheint, die Macht im eigenen Unternehmen zu sichern oder, ganz schlicht, Steuern zu sparen. In Deutschland gibt es rund 14 000 Stiftungen, von denen fast die Hälfte in den vergangenen zehn Jahren entstanden sind.[8] »Für mich sind Stiftungen die legalisierte Steuerhinterziehung«, sagte Lutz Helmig in einem Interview der Zeitung *Welt am Sonntag*. Er hat sein Klinikunternehmen »Helios« für 1,5 Milliarden Euro verkauft, will aber sein Geld in keine Stiftung fließen lassen. »Das ist nichts für mich«, so Helmig. »Ich finde, man sollte sein Geld am besten in die Schaffung von Arbeitsplätzen investieren.«[9]

Andere, viel wohlhabendere Menschen sehen das anders: Bill Gates, Gründer der Firma Microsoft und reichster Mann der Welt, hat eine Stiftung gegründet, die die zwanzig verheerendsten Krankheiten der Welt bezwingen soll. Warren Buffett, ein Investor aus Nebraska und der zweitreichste Mann der Welt, hat einen großen Teil seines Vermögens (fast 32 Milliarden Dollar) in diese Stiftung einfließen lassen. Die Milliardäre folgen einer US-amerikanischen Tradition, die der Stahlbaron Andrew Carnegie 1889 mit dem Ausspruch »Wer reich stirbt, stirbt in Schande« auf den Punkt brachte. Nicht nur er, sondern auch andere sehr reiche Unternehmer aus der Eisenbahn-, Stahl- und Ölindustrie hatten im ausgehenden 19. Jahrhundert eine Stiftungswelle ins Leben gerufen. Der Geist ist geblieben, nur ist die Größenordnung der heutigen Stiftungen neu. BMG, die Stiftung von Bill und Melinda Gates etwa, ist so groß, dass sie dem Staat oder den Vereinten Nationen mit ihren Hilfsaktionen Konkurrenz macht.

Eine Hilfeleistung via Spende oder Stiftung löst also möglicherweise ambivalente Gefühle aus, weil ihr unlautere Motive unterstellt werden: Angepasstheit (»Was sollen die Leute denken, wenn ich nicht spende?«), Anerkennungsstreben (»Schaut her, was ich spende!«), Geiz (»Spenden spart Steuern!«) oder Machtstreben.

•

Doch zurück zum Schweinehund. Er tut sich mit dem Thema Hilfsbereitschaft schwer. Er möchte nicht gerne daran erinnert werden, weil er einerseits zu träge ist zum Helfen, andererseits aber auch kein schlechtes Gewissen haben möchte. Bei ihm hapert es an folgenden Punkten:

1. Mitfühlen. Der Schweinehund ist nicht grundsätzlich gleichgültig, sondern eigentlich ein Menschenfreund. Leider fast ausschließlich in Bezug auf seinen eigenen Menschen. Das Gefühl des Mitleids schiebt er am liebsten ganz schnell weg, weil es ihm sehr lästig ist. Oft steckt die Angst dahinter, man müsse eben nicht nur mitfühlen, sondern dann auch handeln. Und so mag eine innere Stimme sprechen: »Das ist gar nicht zu schaffen« – »Damit wirst du doch nie fertig« angesichts all der Hilfsbedürftigen, die es nicht nur in der Ferne, sondern mittlerweile auch in unserem Lande in zunehmender Anzahl gibt. Und nicht nur das: »Du könntest mit unangenehmen, kranken oder gefährlichen Menschen in Kontakt kommen, ja vielleicht dich dabei ›schmutzig‹ machen.« All das könnte unangenehm werden, darum: »Schau lieber weg und verdräng dein Mitgefühl.«

2. Über den eigenen Gartenzaun schauen. Die Nächstenliebe »wartet nicht, bis sie den Nächsten in Lumpen antrifft, um sein Elend zu entdecken«, schreibt Comte-Sponville. Sie führt zu spontaner Hilfsbereitschaft, ohne dass erbarmungswürdige Bilder gezeigt werden. Doch der Schweinehund empfindet nicht wirklich Nächstenliebe, sondern allerhöchstens Allernächstenliebe. Er liebt die, die ihm am allernächsten stehen: seine Familie und seine Freunde. Deshalb ist er zwar bereit, seinem Sohn unter die Arme zu greifen, aber nicht einem x-beliebigen Kind in Zentralafrika. Frank Schirrmacher hat dieses Phänomen in seinem Buch *Minimum* beschrieben: Mitglieder einer Familie entwickeln offenbar im Notfall ein ganz besonderes »Aufopferungsengagement«. Echte Hilfsbereitschaft geht aber weiter: Sie bedeutet, in allen Notlagen zu helfen und allen Menschen.

3. Die Ärmel hochkrempeln. Es klingt paradox, aber der Hilfsbereitschaft haftet manchmal etwas Ehrenrühriges an. »Mit dem Respekt für die Helfer ist es ein wenig wie mit dem Respekt für Putzfrauen«, erklärt Thea Bauriedl, Psychotherapeutin aus München. »Man respektiert sie, soweit man sie braucht, aber man wollte nie selbst eine Putzfrau sein. Über den Status in der Gesellschaft entscheidet immer noch die Macht, die jemand besitzt. Helfer arbeiten zumeist an Brennpunkten der Ohnmacht. Deshalb identifiziert die Öffentlichkeit sie oft mit diesen Gefühlen – in den Augen der Öffentlichkeit scheint es so, als würden sie sich anstecken an der Ohnmacht der Menschen, um die sie sich kümmern.« Und das will der innere Schweinehund natürlich nicht. Deshalb wird er alles daran setzen, Sie davon abzuhalten, Ihre Ärmel hochzukrempeln und einer »niederen«, helfenden Tätigkeit nachzugehen.[10]

Die Hilfsbereitschaft	Der innere Schweinehund
springt im Notfall ein	windet sich im Notfall heraus
teilt ihre Kraft	will sich für andere nicht anstrengen
teilt ihre Mittel	rafft gern, teilt ungern
bietet spontan Unterstützung an	lässt sich lange bitten
fühlt mit anderen mit	fühlt nur die eigene Befindlichkeit
kann sich in die Lage der Hilfsbedürftigen hineinversetzen	interessiert sich nur für die eigenen Angelegenheiten

»Für Hilfsbereitschaft bin ich
viel zu wichtig!«

Fragen an Sie und Ihren Schweinehund:

1. *Bei welchen Gelegenheiten sabotiert Ihr Schweinehund mögliche Akte Ihrer Hilfsbereitschaft? Und aus welchen Gründen?*
2. *Wo steht er dagegen Ihrem karitativem Einsatz für andere Menschen nicht im Wege? Und warum gerade hier nicht?*
3. *Unter welchen Umständen glauben Sie, dass Ihr Schweinehund Sie in Zukunft häufiger für andere aktiv werden lässt?*

Integrität

> Lasst uns sagen, was wir empfinden,
> und empfinden, was wir sagen.
> Lasst die Rede mit dem Leben
> übereinstimmen.
>
> *Seneca*

Diese Tugend fällt dem Schweinehund besonders leicht zum Opfer. Denn Integrität meint, dass Sie das tun, was Sie sagen, und das sagen, was Sie tun. Genau das aber torpediert der Schweinehund nach Leibeskräften. Er ist spezialisiert darauf, Ihnen Ihre Vorhaben auszureden, ganz gleich, ob Sie anderen etwas versprochen oder sich selbst etwas vorgenommen haben.

Der US-amerikanische Managementberater Stephen R. Covey definiert Integrität »als Wertmaßstäbe, die wir uns setzen. Wenn wir eindeutige Werte vor Augen haben und täglich pro-aktiv danach handeln, entwickeln wir Selbstwahrnehmung und Selbstwert. Wir sind in der Lage, uns sinnvolle Ziele zu setzen und auf sie hinzuarbeiten. Wenn wir Vorsätze nicht verwirklichen und Verpflichtungen gegenüber anderen nicht einhalten können, nimmt man uns bald nicht mehr ernst, und Misstrauen breitet sich aus.«

Im Unternehmen heißt das: Wenn Führungskräfte integer wirken, bringen Mitarbeiter ihnen Vertrauen und Anerkennung entgegen. Laut Covey ist das »keinesfalls mit Naivität, blindem Gehorsam oder roboterhafter Dienstbarkeit gleichzusetzen. Vielmehr handelt es sich hier um kluges, aufrichtiges, bedingungsloses Engagement.«[11]

So verwundert es auch nicht, dass Führungskräfte den Wert Integrität für wichtig halten. Das zumindest ist das Ergebnis der *Führungskräftebefragung 2007*, die Mathias Bucksteeg und Kai Hattendorf unter rund 500 Managern verschiedener Führungsebenen durchführten.[12] Als zentrale Werte wurden Verantwortung (75 Prozent der Nennungen), Vertrauen (68 Prozent) und Respekt genannt (53 Prozent), und zwar unabhängig von Alter, Position und Geschlecht. Bei Werten wie Integrität (45 Prozent der Nennungen) aber zeigte sich eine interessante Unterscheidung: Während die 46- bis 55-Jährigen Mut und Integrität mehr Bedeutung zuweisen als die 26- bis 35-Jährigen, betonen Letztere eher Respekt und Nachhaltigkeit, so das Ergebnis. Die Forscher erklären diese Differenz mit der tendenziell höheren Position der älteren Manager, die ihnen mehr unternehmerische Entscheidungen und damit auch mehr ethische Fragestellungen abverlangt. Jüngere Führungskräfte fordern eher Respekt ein, weil sie (unterstützt vom Schweinehund) möchten, dass ihre Leistungen gewürdigt werden. Und sie fordern Nachhaltigkeit, weil sie, so die Forscher, »durch andere gesellschaftliche Debatten geprägt« sind und »hohe Erwartungen an eine langfristige Orientierung unternehmerischen Handelns« mitbringen.

Integrität braucht Mut und Tapferkeit, wobei wir wieder bei den Kardinaltugenden wären. Sie braucht auch die Klugheit, den Kurs zu ändern, wenn es erforderlich ist. Andernfalls wäre Integrität – verstanden als die Fähigkeit, das Angekündigte umzusetzen – nichts als Sturheit.

Für Führungskräfte auf jeder Ebene kann es daher von Vorteil sein, wenn sie an ihrer Integrität arbeiten. Gelten sie als unzuverlässig oder gar als »krummer Hund«, werden Vertrauen und Motivation im Unternehmen untergraben und letztendlich zerstört. Und damit stehen wir wieder vor dem inneren Schweinehund. Integrität ist seine Leibspeise! Denn folgende Punkte findet er viel zu mühsam und eigentlich völlig überflüssig:

1. Worte und Taten in Einklang bringen. »Ich tue das, was ich sage« – dies klingt furchtbar einfach, ist aber in der praktischen Umsetzung oft furchtbar schwer. Das gilt für Kleinigkeiten (»Ich rufe heute ganz bestimmt noch zurück!«) genauso wie für Politik und Wirtschaft. Denken Sie nur an die vielen Wahlversprechen, deren Uneinlösbarkeit oftmals zuallererst den Versprechenden selbst bewusst sein mag. Oder an Unternehmensleitlinien, die in goldenen Lettern in mancherlei Foyer prangen, während im Unternehmen munter nach ganz anderen Prinzipien gearbeitet wird.

2. Die Pfoten von »schmutzigem« Geld lassen. Es ist müßig, all die Schmiergeldzahlungen oder gefälschte Unternehmenswerte aufzuzählen, die die Wirtschaftswelt allein in den vergangenen zwanzig Jahren erschüttert haben. Die Vielzahl dieser Skandale zeigt, wie erfolgreich der innere Schweinehund Manager zu »kreativer Buchführung« verführt, wie es verharmlosend heißt. Die Aussicht auf soziale Anerkennung und den schnellen Erfolg ist für den Schweinehund einfach zu verlockend!

3. Den Konflikt zwischen Ethik und Ökonomie aushalten. Wenn Sie im Management eines Unternehmens tätig oder selbst Unternehmer sind, dann wissen Sie: Ethik kostet Geld. Denn eine Unternehmensführung nach ethischen Prinzipien bedeutet, dass Sie angemessene Löhne zahlen, für vernünftige Arbeitsbedingungen sorgen, nachhaltig mit Ressourcen umgehen und im Zweifelsfalle lieber auf ein Geschäft verzichten, als gegen Ihre ethischen Prinzipien zu verstoßen. All das ist teuer. Je erfolgreicher ein Unternehmen ist, desto leichter kann es sich dem Konflikt zwischen Ethik und Ökonomie stellen. Je größer aber der Erfolgsdruck, der Druck der Auftraggeber oder der Druck, das Unternehmen überhaupt am Markt halten zu können, desto eher drückt der Schweinehund ein Auge zu. Und wie sagte doch Bert Brecht: »Erst kommt das Fressen, dann kommt die Moral.«

Die Integrität	Der innere Schweinehund
tut das, was sie sagt	sagt das eine, tut das andere
trifft Entscheidungen nach ethischen Prinzipien	trifft Entscheidungen nach opportunistischen Prinzipien
setzt sich Ziele	torpediert jegliche Zielsetzungen
strebt die Verwirklichung von Vorhaben an	ersehnt den Feierabend
hält Verpflichtungen ein	nimmt Verpflichtungen nicht ernst
schafft Vertrauen	schafft Vertrauen ab

Fragen an Sie und Ihren Schweinehund:

1. *Wann sabotiert Ihr Schweinehund Ihre Integrität? Warum ausgerechnet in diesen Situationen?*
2. *Bei welchen Gelegenheiten steht er dagegen Ihrer Integrität nicht im Wege? Und warum?*
3. *Welche Bedingungen müssen erfüllt sein, damit Sie integer bleiben und handeln können?*

Ehrlichkeit

> Man kann ein ehrlicher Mensch sein,
> ohne groß zu sein,
> aber man kann kein großer Mensch sein
> ohne Ehrlichkeit.
> *Christine von Schweden*

Maria wird von Ihrer Patentante Amalie zu einem feierlichen Abendessen eingeladen. Obwohl das in Aussicht stehende Menü ausgesprochen verlockend klingt, erinnert sie sich jedoch an die letzten drei Dinner in Amaliens Haus: Selten hatte sie sich so sehr gelangweilt, selten war sie von so steifen Leuten umgeben gewesen. Um nichts in der Welt wollte sie noch ein ähnliches Abendessen ertragen müssen. Doch erschien es ihr unmöglich, ihrer Patentante reinen Wein einzuschenken, denn schließlich wollte sie sie ja auch nicht beleidigen. So rief sie halt am Tag der Einladung an, um sich mit einer vorgetäuschten Grippe zu entschuldigen – ein schlechtes Gewissen hatte sie dabei nicht.

Nicht nur ihr Schweinehund war damit sehr zufrieden (schließlich hatte er sie ja auch bei dieser Entscheidung unterstützt), sondern viele andere hätten wahrscheinlich in einer vergleichbaren Situation ähnlich gehandelt. Und Sie? Kennen Sie nicht auch Situationen, wo Sie die Ehrlichkeit hintanstellen, um andere Menschen nicht vor den Kopf zu stoßen oder aus sonstigen vergleichbaren Motiven. In der Tat: Mit der Ehrlichkeit ist es so eine Sache, vielleicht ist sie von allen Tugenden die gefährdetste.

Ehrlichkeit ist eine vielschichtige Tugend. Im Grunde geht es darum, anderen und sich selbst gegenüber wahrhaftig zu sein. Aber das ist oft weder möglich, noch ist es sinnvoll, geschweige denn höflich.

Möglicherweise kennen Sie die Situation, dass Ihnen Ihr Gesprächspartner – ganz offen und ehrlich! – so detailliert von seinen Erlebnissen oder Gefühlen berichtet, dass Sie sich peinlich berührt fühlen. Sie wollen dies alles nicht wissen, wissen aber auch nicht, wie Sie Ihr Gegenüber stoppen können. Auf eine so verstandene, geradezu exhibitionistische Ehrlichkeit möchten Sie gerne verzichten.

Stellen Sie sich nun vor, Ihr Patenkind bringt Ihnen selbst gebackene Weihnachtsplätzchen mit. Liebevoll eingepackt – und für ihren Geschmack beinahe ungenießbar. Sagen Sie dies dem Kind? Natürlich nicht! Ehrlichkeit ist nicht Taktlosigkeit.

Und auch nicht Herzlosigkeit. Es wäre geradezu absurd, den Aufenthaltsort eines zu Unrecht verfolgten Menschen »ehrlich« an dessen Peiniger zu verraten.

Wann also ist Ehrlichkeit eine Tugend? Nur dann, wenn dadurch keine andere, wichtigere Tugend verletzt wird. Zum Beispiel die Nächstenliebe, weshalb es im Zweifelsfall besser ist, nichts zu sagen als etwas Verletzendes. Oder die Hilfsbereitschaft, weshalb man manchmal besser lügen als jemanden verraten sollte, natürlich nur, wenn es wirklich darauf ankommt.

Durch diesen Definitionsspielraum hat es der Schweinehund allerdings leicht, Ihnen in die Parade zu fahren. Folgende Herausforderungen der Ehrlichkeit findet er ehrlich fürchterlich:

1. Fehler eingestehen.

25 Jahre nach seinem Diebstahl bei einem Lübecker Schiffsausrüster hat ein ehemaliger Praktikant das Diebesgut zurückgeschickt: vier Tabakspfeifen, ein vergoldetes Feuerzeug, einige Kugelschreiber und drei Kartenspiele. Er sendete es kurz vor Weihnachten an die Tochter des inzwischen verstorbenen Firmeninhabers und schrieb ihr, dass ihn nach all den Jahren die Reue gepackt habe. Nicht zuletzt, weil er damals ein so gutes Zeugnis bekommen hatte.

25 Jahre! Das zeigt, mit welcher Beharrlichkeit der innere Schweinehund gegen das schlechte Gewissen ins Feld zieht. Er kann es nur sehr schwer ertragen, wenn sein Mensch sich selbst einen Fehler eingesteht, und noch weniger, wenn er diesen auch noch wiedergutmachen will. Das Beispiel – es geht zurück auf eine Meldung der Deutschen Presseagentur – zeigt aber auch, dass dies durchaus möglich ist, auch wenn es manchmal etwas länger dauert. Die Tochter des ehemaligen Chefs schrieb übrigens zurück: »Mein Vater würde Ihnen die Jugendsünden vergeben.«

2. Auf den eigenen Vorteil verzichten. »Der Ehrliche ist der Dumme!«, sagt der innere Schweinehund. Und hat er nicht auch

Recht damit? Warum nicht eine ordentliche Summe Steuern sparen, wenn man hier und da nur ein wenig trickst? Warum nicht bei einer Prüfung nur ein wenig schummeln, wenn dies doch dem eigenen Berufserfolg nachhaltig nutzt? Die Liste ließe sich endlos verlängern. Im Einzelfall ist ein ordentliches Maß an Klugheit und Tapferkeit erforderlich, um herauszufinden, wo man wirklich ehrlich handeln kann und soll.

3. Klartext sprechen. Der Schweinehund ist ein feiger Hund. Klartext spricht er nur ungern – das könnte ja unangenehm werden. Manchmal ist es jedoch notwendig, auch unangenehme Wahrheiten auszusprechen. Das kann ein ehrliches Feedback sein, das einem Schüler oder Mitarbeiter, einem Dienstleister oder Künstler sagt, dass seine Leistung miserabel war. Schwer genug! Noch schwieriger ist es, unangenehme Wahrheiten innerhalb der eigenen Familie auszusprechen. Im Einzelfall gilt es sehr genau abzuwägen, ob reden oder schweigen besser ist – denken Sie nur an die Themen Liebe, Vaterschaft, Adoption. Entscheiden Sie mithilfe von Gefühl *und* Verstand, der Schweinehund allein ist kein guter Ratgeber.

Die Ehrlichkeit	Der innere Schweinehund
deckt auf	kneift
konfrontiert mit der Wahrheit	macht sich seine Welt, so wie es ihm gefällt
zeigt Rückgrat	ist ein feiger Hund
ist geradlinig	ist ein krummer Hund
riskiert Nachteile	will Vorteile

Fragen an Sie und Ihren Schweinehund:

1. Wo *nehmen Sie und Ihr Schweinehund es mit der Ehrlichkeit nicht so genau? Womit rechtfertigen Sie sich das innerlich?*
2. *Wo ist Ihnen dagegen Ehrlichkeit besonders wichtig? Und warum?*

3. In welchen Fällen würden Sie gerne in Zukunft noch ehrlicher agieren, und was könnte Sie dabei unterstützen?

Humor

> Verstand und Genie rufen
> Achtung und Hochschätzung hervor;
> Witz und Humor erwecken
> Liebe und Zuneigung.
>
> *David Hume*

Wer Humor hat, blickt aus Entfernung auf die Welt und auf sich selbst – dadurch relativiert sich vieles. Es wird dadurch *klein*, aber nicht im Sinne von *bedeutungslos*, sondern eher *komisch, kurios, skurril* oder sogar *grotesk*. Wer Humor hat, erkennt zwar den Ernst der Lage und das Schwergewicht der Bedeutungen, lässt sich davon aber nicht einschüchtern. »Ich frage mich ständig«, sagt etwa Woody Allen, »ob es ein Leben im Jenseits gibt und ob man mir dort einen 20-Dollar-Schein wechseln kann.«

Der Humor macht sich lustig. Er hält uns den Ernst des Lebens vom Leib, wie ein Regenmantel uns die Nässe vom Leibe hält, und macht sich, das ist entscheidend, schlussendlich auch noch über sich selbst lustig. Der große Humorist Heinz Erhardt hat dies in einem treffenden Vergleich dargestellt: »Glücklich ist der Mensch zu preisen, der – angetan mit einem Regenmantel – durch den strömenden Regen geht und das Gefühl hat, durch meinen Mantel geht nichts durch. Dieser Mensch hat Humor! Humor ist nichts anderes als ein undurchlässiger Regenmantel, und es ist nur bedauerlich, dass Regenmäntel immer so verregnet aussehen.«[13]

Der Humor sticht nicht mit spitzer Zunge, wie der Spott, der das verachtet, was er angreift. Der Humor entwaffnet mit einem Lächeln, weil er das hochschätzt, worüber er lacht. Der Spötter ist bitter, der humorvolle Mensch ist fröhlich. Er lacht über die eige-

109

nen Sorgen, die eigene Angst, die eigene Eitelkeit und Endlichkeit. (»Langsam bekomme ich Angst vor dem Alter«, sagte kürzlich die 87-jährige Mutter einer Bekannten.) Und über die eigenen Gewohnheiten, die so wichtig scheinen wie etwa die Zubereitung eines feiertäglichen Festmahls. »Nilpferd in Burgunder« empfiehlt Vicco von Bülow zu derartigen Anlässen: »Nilpferd waschen und abtrocknen, in passendem Schmortopf mit 2 000 Litern Burgunder, 6 bis 8 Zwiebeln, 2 kleinen Mohrrüben und einigen Nelken 8 bis 14 Tage kochen, herausnehmen, abtropfen lassen und mit Petersilie servieren.«[14]

Warum ist Humor überhaupt eine Tugend, mögen Sie einwenden? Nun, er ist so etwas wie ein komischer Verwandter der Kardinaltugenden. Weil Humor von der eigenen vermeintlichen Wichtigkeit Abstand verschafft, hat er etwas mit besonnenem Maßhalten zu tun. Er ist nicht denkbar ohne Klugheit, weil er der Wahrheit mit klarem Blick ins Gesicht sieht und nichts zu beschönigen oder zu verharmlosen versucht. Humor ist auch eine Variante der Tapferkeit, weil er sich vom Ernst der Lage nicht unterkriegen lässt. Er verzweifelt nicht. Er basiert auf Liebe und Respekt, weil er das achtet, worüber er lacht (anstatt zu verachten und zu verlachen, wie der Spott oder der Sarkasmus).

Vielleicht ist der eine oder andere damit nicht einverstanden und muss bei »Humor« zu sehr an Witze denken, die eigentlich gar nicht so komisch sind. Dann können Sie möglicherweise mehr mit dem Begriff der »Heiterkeit« anfangen. Sie meint Freiheit von Trübsinn und Sorgen, ein fröhliches Herz. Nicht aus Einfältigkeit, sondern aus einer heiteren Grundstimmung heraus.

Der innere Schweinehund, so wie er in diesem Buch skizziert wird, ist als heitere und humorvolle Figur für Sie gedacht. Ihm selbst geht freilich der Humor häufig ab, weil er vieles viel zu ernst und wichtig nimmt. Insbesondere:

1. Sich selbst. Der Schweinehund schlägt laut an, wenn seinem Herrchen vermeintlich Unrecht getan wird. Schließlich ist es seine

Hauptaufgabe, für dessen Wohlergehen zu sorgen! Deshalb nimmt er sich selbst und seinen Menschen außerordentlich wichtig und ist oft nicht in der Lage, die komische Seite einer Situation zu erkennen – dabei kann man vielen ärgerlichen oder peinlichen Geschehnissen eine durchaus komische Komponente abgewinnen.

Zwei Privatpatientinnen teilen sich ein Zimmer im Krankenhaus. Beide haben eigentlich Anspruch auf ein Einzelzimmer, die Abteilung ist aber derzeit so überfüllt, dass keine Einzelzimmer zur Verfügung stehen. In der Nacht vor der Entlassung der beiden stürmt eine Krankenschwester ins Zimmer, rückt mit lautem Getöse Koffer und Stühle und schiebt eine dritte Privatpatientin samt Bett in den engen Raum, die ebenfalls mit einem Einzelzimmer gerechnet hatte. »Eine Unverschämtheit!«, lässt ihr Schweinehund die eine Patientin rufen. »Ich werde mich beschweren!« Als sie sich in ihren Ärger so richtig hineinsteigert, nimmt die andere Patientin ihr den Wind aus den Segeln: »Willkommen! Hier ist das Gedränge zwar groß, aber erstklassig.«

Wenn es einem gelingt, in schwierigen oder ärgerlichen Situationen Humor zu entwickeln, verändert man zwar nicht die Tatsachen, aber die emotionale Wahrnehmung und kann so psychologische Ressourcen aktivieren, um sogar mit Krisen anders umzugehen. Der innere Schweinehund ist dabei allerdings keine große Hilfe, im Gegenteil: Humor ist etwas, was er wahrlich noch lernen muss.

2. Den Ernst der Lage. Der Schweinehund lässt sich vom Ernst einer Lage tendenziell niederdrücken. Er jault, jammert und bemitleidet sich selbst, während der humorvolle Mensch den Ernst der Lage zwar erfasst, aber darüber scherzt und beherzt zur Tat schreitet.

Irene gönnt sich einen Theaterbesuch. Aufgrund des herrlichen Sommerwetters legt sie den Weg dorthin in ihrem neu gekauften Abendkleid zu Fuß zurück. Auf dem Heimweg wird sie jedoch von einem plötzlichen Gewitterguss überrascht, der sie bis auf die Haut durchnässt. Ihre Freundin schreit entsetzt: »Mein Gott, dein neues Kleid!« – »Ach was«, erwidert Irene«, »irgendwann muss ich es sowieso waschen, und duschen wollte ich vor dem Schlafengehen sowieso noch.«

3. Den Geist der Zeit. Über den Zeitgeist lässt sich trefflich schimpfen, klagen und sogar weinen. Man kann Pamphlete darüber schreiben und moralinsaure Reden schwingen. Dem inneren Schweinehund gefällt so etwas sehr gut. Man kann es aber auch wie die großen Humoristen seit der Antike halten, die die Probleme ihrer Zeit jeweils mit Scharfsinn analysierten und aufs Korn nahmen. In diesem Sinne noch ein Zitat von Heinz Erhardt:

> »Seit frühester Kindheit, wo man froh lacht,
> verfolgt mich dieser Ausspruch magisch:
> Man nehme ernst nur das, was froh macht,
> das Ernste aber niemals tragisch.«

Der Humor	Der innere Schweinehund
lächelt auch bei Pannen	ergeht sich in Selbstmitleid
findet eine Lage hoffnungslos, aber nicht ernst	findet eine Lage ernst und hoffnungslos
betrachtet alles und jeden aus der Distanz	gewinnt keinen Abstand zu Dingen und Menschen
lacht über sich selbst	nimmt sich selbst überaus ernst
ist trotz der Last des Lebens heiter	ächzt unter der Last des Lebens
liebt das Leben	findet das Leben anstrengend

Fragen an Sie und Ihren Schweinehund:

1. Bei welchen Gelegenheiten fällt Ihrem Schweinehund Humor am schwersten? Warum lässt er in diesen Fällen nicht zu, dass Sie auf die Ressource Ihrer inneren Heiterkeit zurückgreifen?

2. *Bei welchen Situationen hat er dagegen keinerlei Probleme, wenn Sie humorvoll reagieren? Und woran könnte das liegen?*
3. *Was können Sie dafür tun, die Welt öfter auch von ihrer komischen Seite zu sehen?*

Dankbarkeit

> Die Dankbarkeit ist von allen Tugenden am meisten zu loben.
>
> *Giovanni Boccaccio*

»Danke!« – dieses kleine Wort kommt Kindern oft schwer über die Lippen. Auch Erwachsene tun sich häufig sehr schwer damit. Warum? Wer dankbar ist, der teilt. Und teilen ist schwer, auch wenn es sich nicht um materielle Güter handelt, sondern »nur« um ein Gefühl. Es ist das Gefühl der Freude. »Ja, ich habe etwas bekommen, über das ich mich sehr gefreut habe. Ich teile diese Freude mit dir.«

Der Schweinehund behält manchmal die Freude lieber für sich. Er hütet sie sogar eifersüchtig. Es könnte ja jemand kommen und sie ihm streitig machen! Damit bringt er sich selbst um etwas – geteilte Freude ist doppelte Freude –, und er beleidigt überdies auch noch den, der es gut mit ihm gemeint hatte.

Wenn es um Dankbarkeit geht, ist der Schweinehund überaus skeptisch. Er verwechselt Dankbarkeit nämlich allzu oft mit einer Verpflichtung. Doch dies ist ein Fehlschluss! Versucht jemand, Sie mit üppigen Geschenken oder aufdringlichen Hilfeleistungen günstig zu stimmen, dann geht es nicht um Dankbarkeit, vielmehr handelt es sich um Berechnung, und dann haben Sie jede Berechtigung, sich vor derartigen Übergriffen zu schützen, statt dankbar sein zu müssen.

Zwiespältige Gefühle bereitet die Dankbarkeit außerdem, weil viele Schweinehunde nur deshalb »Danke!« sagen, um noch mehr zu bekommen. Doch auch das ist hier nicht gemeint, dies ist keine echte Dankbarkeit, sondern wiederum nur Berechnung; eine kalkulierte, gekünstelte Höflichkeit.

Dankbarkeit ist eine ganz große Tugend – und eine wertvolle obendrein. Stefan Zweig hat sie einmal als Kunst bezeichnet. Er schrieb: »Dankbar sein ist leicht. Aber danken ist eine große Kunst und schwer, wie jede Kunst, zu meistern.«

Das liegt daran, dass sie alle Kardinaltugenden erfordert: das Maß und die Klugheit, um für die Dankbarkeit die richtige Form zu finden (ein zu üppiges Gegengeschenk beschämt denjenigen, der zuerst geschenkt hat.) Den Mut, um aus dem eigenen Stolz und der Selbstverliebtheit herauszutreten. Und einen Sinn für Gerechtigkeit, damit Dankbarkeit nicht mit Gefälligkeit verwechselt wird.

Aus folgenden Gründen fällt dem Schweinehund die Dankbarkeit so schwer:

1. Er mag sich nicht erniedrigen. Wer Dankbarkeit zeigt, der sagt: »Ja, ich habe das, was du mir aus reinem Wohlwollen gegeben hast, sehr gut gebrauchen können. Es hat mir gutgetan. Es hat mir geholfen. Es hat mir Freude gemacht.« Er macht also, gewissermaßen, einen Knicks oder einen Diener gegenüber demjenigen, dem er dankbar ist.

Der Schweinehund kann dabei aber das Gefühl haben, sich zu erniedrigen und gegenüber dem Gebenden in einer schwächeren Position zu sein. Daher scheut er sich von Herzen, Danke zu sagen.

2. Er hat Angst vor Verpflichtungen. Wer sich bedankt, erkennt damit an, etwas bekommen zu haben, und häufig entsteht damit eine innere Verpflichtung, dies in gleicher Münze zurückzuzahlen, sprich: ebenfalls etwas für den anderen zu tun. Das mag sogar berechtigt und tugendhaft sein, doch der Schweinehund in uns scheut Verpflichtungen, und so meint er manchmal irrigerweise, ohne Dankesbekundung entfalle auch die gebotene Gegenleistung.

3. Er ist oft zu faul. Zum Telefon zu greifen, um »Danke!« zu sagen, das ist dem Schweinehund schon zu anstrengend. Um einen schönen Dankesbrief zu schreiben, muss man sich sogar richtig Zeit nehmen. Das Gleiche gilt für das Aussuchen und Überbringen eines Blumenstraußes. Nein, so etwas schiebt der Schweinehund so weit auf die lange Bank, bis es hinten hinunterkippt und in Vergessenheit gerät.

Die Dankbarkeit	Der innere Schweinehund
erkennt den Einsatz anderer Menschen an	sieht nur seine eigenen Bedürfnisse und Leistungen
fordert nichts	fordert immer mehr
ist demütig und bescheiden	ist hochmütig und unzufrieden
sieht sich selbst in Beziehung zu anderen Menschen	sieht sich selbst als »Mittelpunkt des Universums«
freut sich über die Gegenwart und die Vergangenheit	schimpft über alles, was war, was ist und was voraussichtlich kommen wird

Fragen an Sie und Ihren Schweinehund:

1. *Wem gegenüber fällt es Ihnen besonders schwer, dankbar zu sein? Was sind dabei die Einwände Ihres Schweinehundes?*
2. *Wo fällt es Ihnen dagegen leicht, Ihre Dankbarkeit zu zeigen? Zu welcher Gelegenheit?*
3. *Mit welchen Mitteln könnten Sie Ihren Schweinehund überzeugen, häufiger mitzumachen, wenn es darum geht, Ihre Dankbarkeit zu zeigen?*

Zum Abschluss dieses Kapitels haben Sie nun noch die Gelegenheit zu einem persönlichen Tugendcheck aller vorher genannten Tugenden. Erlauben Sie sich, spontan und ohne Anspruch auf endgültige Richtigkeit, Ihre Einschätzung anzukreuzen. Das Ergebnis wird weder kontrolliert noch bewertet. Es bleibt zunächst das Geheimnis von Ihnen … und Ihrem Schweinehund.

Tugend	bestimmt Ihr Leben				
	immer	oft	manch-mal	selten	nie
Kardinaltugenden					
Klugheit					
Maßhalten					
Gerechtigkeit					
Tapferkeit					
Sekundärtugenden					
Anstand & Höflichkeit					
Ordnung & Sauberkeit					
Pünktlichkeit & Zuverlässigkeit					
Disziplin & Pflichtbewusstsein					
Weitere Tugenden					
Hilfsbereitschaft					
Integrität					
Ehrlichkeit					
Humor					
Dankbarkeit					

Teil III

Strategien im Umgang mit dem Schweinehund

Jetzt geht es dem Schweinehund »an den Kragen« – aber mit einer Methode, die er selbst so gut wie gar nicht bemerken wird. Sie werden Ihn in diesem Kapitel nämlich ganz sachte aus seinem Körbchen locken, an die lange (!) Leine legen und sich mit ihm auf den Schweinehunde-Trainingsplatz begeben. Hier erfahren Sie, wie Sie das so geschickt anstellen können, dass der Schweinehund nicht Reißaus nimmt – sondern vielleicht sogar manchmal Spaß am tugendhaften Verhalten haben kann.

Akzeptieren Sie Ihren Schweinehund

»Es ist, wie es ist.« Dieser kryptische Satz hängt im Behandlungszimmer einer Frankfurter Therapeutin für chronisch Kranke. Und zwar so, dass ihre Klienten ihn während der Therapiestunden ständig im Blick haben. Warum? Möglicherweise will sie ihnen vermitteln: Wer die Realität nicht sehen will, kann nicht lernen, damit zu leben.

Nun ist die permanente Belagerung durch einen Schweinehund keine chronische Krankheit, sondern ein ganz menschlicher Normalzustand. Trotzdem neigen viele dazu, diesen Zustand nicht als solchen zu akzeptieren. »Ich kann meinen inneren Schweinehund ganz leicht überwinden«, sind viele überzeugt – und bemerken oft nicht, wie raffiniert seine Sabotageakte sind. »Vielleicht habe ich auch gar keinen.« Und überhaupt: »Was soll das eigentlich sein, ein innerer Schweinehund?«

Sobald der Schweinehund aber sein Unwesen treibt, wird er zurückgepfiffen, beschimpft und im hintersten Winkel eingesperrt. Dort sitzt er dann, grinst sehr breit und heckt in aller Ruhe den nächsten Sabotageplan aus. Mit Ignoranz oder autoritärem Gehabe kommen Sie beim Schweinehund nicht weiter. Er kuscht vielleicht kurzfristig, rächt sich aber bei nächster Gelegenheit und ist bei diesem Vorgehen auf lange Sicht zu keiner Einsicht zu bewegen. Genauso wie ein Kind.

Sagen Sie also zunächst einmal »Ja« zu Ihrem Schweinehund. Wenn Sie die Anwesenheit ihres »chronischen« Begleiters akzeptieren, können Sie auf Dauer ein einigermaßen friedliches Leben mit ihm führen und vielleicht sogar – mit seiner Hilfe! – einige Macken in den Griff bekommen.

Liegt Ihnen beispielsweise die Kardinaltugend des Maßhaltens nicht, dann kommen Sie nicht weiter, wenn Sie dies verharmlosen oder sogar abstreiten. So unangenehm es auch sein mag: Sagen Sie »Ja!«. »Ja, mein Schweinehund verführt mich zu ungesunden Ernährungsgewohnheiten. Ich werde diese Gewohnheiten unter die Lupe nehmen und verstehen, warum der Schweinehund sie für gut hält.«

Versinkt Ihre Wohnung regelmäßig im Chaos, weil Ihr Schweinehund auf Kriegsfuß mit der Sekundärtugend Ordnung steht, dann

»Im Chaos fühle ich mich zuhause!«

ist der erste Schritt eine ehrliche Bestandsaufnahme: »Ja, hier habe ich einen Haufen Gerümpel angesammelt. Ich schaue mir jetzt an, was es ist, wo es steckt und warum mein Schweinehund es unbedingt horten will.«

Sagen Sie also auch »Ja!« dazu, wenn Sie den Eindruck haben, noch nicht wirklich *gut und richtig* zu leben. Daran ist nichts Ehrenrühriges! Wer kann schon von sich behaupten, ein durch und durch guter Mensch zu sein?

Lassen Sie sich nicht an die Leine legen

Den Schweinehund akzeptieren heißt aber nicht, ihm die Führung zu überlassen. Das wäre fatal! Sie würden von Ihren Stimmungen hin und her geworfen, Sie würden Ihr eigenes Leben nicht mehr »auf die Reihe kriegen« und aufgrund Ihrer Launigkeit und Unzuverlässigkeit auch ziemlich bald ziemlich allein dastehen. Ein Leben nur nach Lust und Laune des Schweinehundes funktioniert nicht, und es macht Sie auf Dauer wahrscheinlich auch unglücklich.

Die Kunst besteht darin, die emotionalen und rationalen Anteile in Einklang zu bringen – im übertragenen Sinn: einen Dialog zwischen Ihrem inneren Schweinehund und Ihrem Verstand zu initiieren. Der Schweinehund steht dabei für den kindlichen, ungebändigten, egoistischen und rücksichtslosen Teil der Persönlichkeit, und der Verstand repräsentiert den erwachsenen, disziplinierten, umsichtigen und sozial orientierten Teil. Ziel ist es, Friedensverhandlungen zwischen diesen Teilen aufzunehmen und eine Kooperation zu vereinbaren. Denn:

> **Solange Sie einen Teil von sich bekämpfen,
> bekämpfen Sie sich selbst. Erst wenn Sie es schaffen,
> diesen Teil anzunehmen und zu integrieren,
> kommen Sie weiter!**

Machen Sie Ihren Schweinehund zum Berater

Möglicherweise kommen Sie häufig zu spät. Oder bringen Ihre Unterlagen regelmäßig durcheinander. Oder betreiben das, was die Franzosen »corriger la fortune« nennen – Sie biegen sich die Realität ein bisschen gerade und sind sich selbst und anderen gegenüber nicht immer ganz aufrichtig. Vielleicht haben Sie sich schon oft vorgenommen, dass dieses »sofort!« oder »im neuen Jahr!« aufhören soll. Aber es ist wie verhext: Immer wieder tappen Sie in die gleichen Fallen, machen die gleichen Fehler.

Beschimpfen Sie sich nicht dafür. Fragen Sie lieber Ihren inneren Schweinehund, wozu dieser Schabernack gut sein soll. Denn so absurd Ihnen manche Ihrer Handlungsmuster auch vorkommen – viele haben einen tieferen Sinn.

Heiner lebt allein in einer spärlichen Wohnung, die er selbst im Winter kaum beheizt. Er ernährt sich einfach und geht lieber zu Fuß, als dass er sein Geld für eine Fahrt mit öffentlichen Verkehrsmitteln ausgibt. Urlaubsreisen oder Theaterbesuche leistet er sich niemals. Als er hochbetagt stirbt, hinterlässt er ein beachtliches Vermögen.

Welche Motive könnten hinter einem solchen recht unkomfortabel erscheinenden Leben stehen? Hintergrund einer derartigen Sparsamkeit (um nicht zu sagen: Geiz) können sehr frühe Mangelerlebnisse sein. Diese bieten dann einen idealen Nährboden für die eigenartigsten Marotten des inneren Schweinehundes: Entweder, er hält seinen Menschen dazu an, überhaupt nichts wegzuwerfen, und sei es völlig unbrauchbares Gerümpel, oder er hindert ihn daran, seine finanziellen Mittel entspannt und vernünftig zu investieren. Oder beides.

Wie gesagt: Das ist gut gemeint. Der Schweinehund will seinen Menschen nach Leibeskräften davor bewahren, dass er jemals wieder einen Mangel erlebt, aber er erreicht mit seinen Interventionen gelegentlich genau das Gegenteil.

Marianne kämpft mit ihrem Übergewicht, seit sie denken kann. »Ich werde schon dick, wenn ich nur eine Sahnetorte anschaue!«, ist sie überzeugt. Jahr für Jahr quält sie sich durch zahllose Diäten und Fastenkuren. Niemand kennt Kalorientabellen so gut wie sie. Weil ihre Ernährungsgewohnheiten aber zwischen strengem Maßhalten und Maßlosigkeit hin und her schwanken, verliert sie niemals dauerhaft an Gewicht. Sie ist verzweifelt. Denn eigentlich wünscht sie sich eine glückliche Partnerschaft. »Solange ich so aussehe wie jetzt, brauche ich gar nicht auf die Suche zu gehen«, ist Marianne überzeugt. »Wenn ich erst abgenommen habe, wird alles anders.«

Auch dieser Schweinehund meint es gut. Er hält sein Frauchen erfolgreich von dem ab, wovor sie sich am meisten fürchtet: vor der Nähe einer echten Beziehung. Warum? Möglicherweise hat sie negative Erfahrungen in ihrer eigenen Familie gemacht oder in einer früheren Beziehung. Gleichzeitig bewahrt er sie vor dieser bitteren Einsicht und vor der Auseinandersetzung mit ihrer Vergangenheit, indem er ihr gesamtes Denken mit Kalorienzählen blockiert.

Fälle wie diese bedürfen möglicherweise etwas mehr als eines einfachen Dialogs mit dem inneren Schweinehund. Sie brauchen professionelle Hilfe. Wenn Sie aber unter einer leichten Schusseligkeit leiden oder unter einer nur leicht ausgeprägten Lust, hier und da hin und wieder etwas zu mogeln oder sich um Hilfsaktionen für andere herumzudrücken, dann kann Ihnen folgende Übung helfen. Beantworten Sie folgende vier Fragen für sich – schriftlich oder indem Sie einfach darüber nachdenken.

1. Wie und wo stört Sie Ihr innerer Schweinehund am hartnäckigsten? Welche Tugenden fallen ihm zum Opfer?

2. Wie sähe ein Tag in Ihrem Leben aus, wenn Sie keinen inneren Schweinehund hätten?

3. Wenn Sie sich einen solchen Tag vorstellen – welche Situationen bereiten Ihnen Unbehagen?

4. Welche positiven Absichten stecken demnach hinter den Sabotageakten Ihres Schweinehundes?

Bei Marianne sähe dieses Gedankenexperiment so aus: »Mein Schweinehund verführt mich zu maßlosem Essen. Hätte ich keinen solchen Schweinehund, wäre ich schlank und attraktiv. Wenn ich mir vorstelle, mein Haus morgens in dieser Fasson zu verlassen, würde man sich möglicherweise nach mir umdrehen. Ich würde in der Mittagspause vielleicht ein Café besuchen und dort jemanden kennen lernen. Diese Vorstellung macht mir Angst. Mein Schweinehund will offenbar meine Pfunde bewahren, um mich vor dieser Angst zu schützen.«

Nutzen Sie die Kraft des Schweinehundes

Sie können den inneren Schweinehund nicht nur als Berater nutzen, sondern auch als Motor. Denn seine Antriebskräfte sind nicht durchweg schlecht. Im Gegenteil: Seine sehr profanen und schwenehündischen Lebensziele Lust, Wohlstand, Macht und Ansehen werden zwar in den schriftlich niedergelegten Weisheiten der Lebenskunst, die es seit Beginn der Kulturgeschichte und in allen Kulturen gibt, durchweg kritisch gewürdigt. Deshalb stehen sie unter dem Generalverdacht, weder gut noch richtig zu sein. In seinem Buch *Lebenskunst und Moral* tritt der Philosoph Otfried Höffe den Beweis an, dass diese Lebensziele aber nicht zwingend unmoralisch, sondern für ein gelingendes Leben sogar notwendig sind.

Lust

Der Schweinehund strebt nach Lust: Er will, dass Sie sich körperlich wohlfühlen, dass es Ihrer Seele gutgeht, dass Sie Ihre geistigen

Fähigkeiten lustvoll ausleben und in der Gemeinschaft mit anderen Menschen lustig sind. Gegen die Lust als solche ist überhaupt nichts einzuwenden – ganz im Gegenteil. Problematisch wird das Streben nach Lust erst dann, wenn es auf Kosten der eigenen Gesundheit geschieht oder mit den Interessen anderer Menschen kollidiert. Und wenn es die Alleinherrschaft im Leben übernimmt. Dann nämlich kann die Sache aus zwei Gründen nach hinten losgehen:

1. Wie es den Menschen geht, die nur für die Befriedigung Ihrer Gelüste leben, können Sie an den öffentlichen Plätzen jeder Großstadt beobachten. Je stärker die Sucht nach Alkohol oder Drogen, desto mehr werden andere menschliche Bedürfnisse vernachlässigt. So gerät der Mensch in eine Schieflage, die ein gutes, richtiges, geschweige denn glückliches Leben geradezu ausschließt.
2. Wer sich Schwierigkeiten stellt und diese schließlich bewältigt, erzielt daraus einen enormen Lustgewinn. Diese Erfahrung bleibt

»Ich orientiere mich an Lust
und Laune.«

jenen verschlossen, die allein nach schneller Lustbefriedigung streben. Es kann sich also auszahlen, zunächst auf etwas Lust zu verzichten, um später umso mehr davon zu erleben. Eine »hedonistische Investition, die sich auf längere Sicht hedonistisch auszahlt«, nennt dies Höffe.

Für Sie heißt das: Verbieten Sie Ihrem Schweinehund nicht seine Lust an der Lust. Im Gegenteil: Streben Sie danach! Aber tun Sie es vernünftig.

Wohlstand

Vielleicht ist Ihr Schweinehund ein Seelenverwandter von Dagobert Duck? Dann liebt er Geld, viel Geld, und möchte nichts lieber haben als Geld. Ist Ihnen unwohl zumute, wenn Sie diese Zeilen lesen? Wenn es um Reichtum geht, tauchen oft ambivalente Gefühle auf. Zum einen wissen wir, dass Geld allein nicht glücklich macht, und möchten dem Schweinehund diese Weisheit gerne hinter seine Schweineohren schreiben. Zum anderen sind wir fasziniert von den Superreichen dieser Welt, deren Leben uns in zahlreichen Gazetten vor Augen geführt wird, und erträumen uns auch so ein Leben.

Zeugt es von mangelnder Tugendhaftigkeit, nach Wohlstand zu streben? Durchaus nicht. Denn Wohlstand ermöglicht dem, der ihn ausreichend hat, heute ein sicheres Leben und nimmt ihm außerdem die Angst, dass ihm morgen etwas fehlen könnte.

Lassen Sie Ihrem Schweinehund ruhig die Lust am Wohlstand. Sorgen Sie lediglich dafür, dass dies nicht seine einzige Lust ist. Denn Geld allein ermöglicht kein gutes und richtiges Leben. Geld allein gibt dem Leben keinen Sinn.

Macht

Mancher Schweinehund ist verliebt in die Macht. Er findet es wunderbar, wenn sein Herrchen die eigenen Interessen gegen Widerstände durchsetzen kann. Ist das unmoralisch? Ein ungezügeltes Machtstreben, das seine Lust allein daraus bezieht, andere zu gängeln, das wäre in der Tat bedenklich. Es ist aber überhaupt nichts gegen eine Machtposition einzuwenden, aus der heraus Sie Ihren Leib und Ihr Leben schützen und Ihre berechtigten Interessen durchsetzen können. Macht an sich ist nicht unmoralisch.

Dass wir der Macht gegenüber so zwiespältige Empfindungen haben, liegt möglicherweise an den Ohnmachtsgefühlen, die wir in Familie oder Schule erleiden mussten – und, je nach Naturell des jetzigen Vorgesetzten, möglicherweise heute noch erfahren.

Ansehen

Ein guter Ruf, Ehre, Ruhm – welcher Schweinehund könnte etwas dagegen haben? Es gibt nur ein Problem bei der Sache: Das Ansehen wird von anderen gezollt, und ob es nun gezollt wird oder nicht, das lässt sich nur schwer beeinflussen. Manch ein Schweinehund ist deshalb versucht, sich nicht auf die Leistung seines Menschen zu konzentrieren, sondern auf den gewünschten Effekt. So bauscht er sich auf wie ein Pfau oder schmückt sich gleich mit fremden Federn. Das entspricht nicht der Idee eines weisen gelingenden Lebens. Dennoch ist gegen einen guten Ruf, Ehre und Ruhm an sich nichts einzuwenden. Vor allem dann nicht, wenn Sie dies nicht direkt anstreben, sondern wenn Sie sich auf Ihr Werk konzentrieren und dafür, gleichsam nebenher, Ansehen erworben haben.

Für Sie heißt das: Wenn Sie gut und richtig leben wollen, brauchen Sie sich selbst und ihren Schweinehund nicht zu kasteien. Nutzen Sie lieber die Antriebskraft Ihres inneren Begleiters! Sie müssen diese allerdings umleiten: Machen Sie Ihren Schweinehund zum Verbündeten, dann stellen sich – mit ein wenig Glück – Ansehen und Macht, Wohlstand und Lust von alleine ein. Und das ist durchaus gut und richtig.

Warum es sich lohnt,
gut und richtig zu leben

Nun, ist die Vorstellung immer noch abwegig, Sie könnten sich mit der Zeit wirklich mit Ihrem inneren Schweinehund anfreunden? Haben Sie sich vielleicht sogar schon ein wenig an den Gedanken gewöhnt, bisweilen auf seinen Rat zu hören und den Schwung seiner Antriebsfeder für Ihre Zwecke zu nutzen? Dann sind Sie dem guten und richtigen Leben schon einen entscheidenden Schritt näher gekommen. Damit die Zusammenarbeit zwischen Ihnen und Ihrem Schweinehund tatsächlich funktioniert, finden Sie hier noch einige gute Argumente. Die werden Sie brauchen, um Ihren Begleiter davon zu überzeugen, dass sich langfristige Verhaltensänderungen lohnen, auch wenn sie zunächst eine gewisse Anstrengung verlangen.

1. Argument: Tugend macht glücklich

Eugenie Harvey hatte einen guten Job als PR-Beraterin von Finanzunternehmen in London. Bis sie David Robinson traf, Gründer der Sozialorganisation »Community Links«, die bereits mehr als 50 000 Menschen mit Rat und Tat in Notlagen geholfen hat. Robinson hatte die Idee, den Erfolg von Nike auf soziale Projekte zu übertragen: »Wenn es mit einem Turnschuh gelingt, erst ein Produkt zu haben und dann mit Werbung und PR den Markt und Bedarf dafür zu schaffen, sollte das doch mit einem gesellschaftlichen Anliegen auch möglich sein.« Diese Idee begeisterte Harvey so sehr, dass sie ihren PR-Job aufgab und sich fortan der guten Sache widmete: »Ich war zu dem Schluss gekommen, dass das Leben dazu da ist, etwas Sinnvolles zu tun.« Ergebnis ihres Sinneswandels (und das vieler Mitstreiter) ist ein Buch mit dem Titel *Change the world for a fiver* – auf Deutsch: *Einfach die Welt verändern*. Das Buch kostet 5 Pfund und enthält 50 Anregungen, wie sich die Welt mit einfachen Mitteln verändern lässt. Etwa: »Verschenke ein Lächeln.« Oder: »Mach das Licht aus, wenn du gehst.« Es erschien 2004 und verkaufte sich innerhalb der ersten 200 Tage 120 000-mal. Weltweit wurde das Buch über 350 000-mal verkauft.[15]

Harvey fand sich nach ihrem Wechsel zwar in einem winzigen Büro wieder und auf Ihrem Girokonto waren deutliche Gehaltseinbußen festzustellen – das aber machte ihr überhaupt nichts aus. Die Gewissheit, »etwas Sinnvolles zu tun«, wog alles auf.

Hans-Werner Bierhoff, Professor für Sozialpsychologie an der Ruhr-Universität Bochum, ist dem Phänomen des »hilfreichen Verhaltens« auf den Grund gegangen. Er erklärt: »Freiwilliges Engagement tut gut. Wer sich engagiert, fühlt sich optimistisch und in seinem Lebenssinn bestätigt.«[16] Das funktioniere aber nur, wenn man aus freien Stücken handelt und nicht »verwickelt« ist – sonst schlage der Effekt um ins Gegenteil. Freiwilliges Engagement bei Amnesty International etwa wirke zufriedenstellender als ein mehr oder weniger unfreiwilliger Hilfseinsatz innerhalb der eigenen Verwandtschaft. »Freude und Genugtuung sind emotionale Komponenten, die nach erfolgreichem Hilfeverhalten auftreten«, bestätigt auch Wolfgang Friedlmeier, Professor für Psychologie an der Grand Valley State University in Allendale, Michigan.[17] Weil ehrenamtlich Tätige schon vor ihrem Einsatz wüssten, dass sie sich nach getaner Arbeit freuen, krempelten sie gerne die Ärmel hoch. Am Beispiel der Hilfsbereitschaft lässt sich also zeigen, dass Tugend glücklich macht.

Falls Ihr Schweinehund eher auf »Spaß« anspringt als auf Glücksversprechen, dann geben Sie ihm noch folgendes Argument zu fressen: Laut dem großen »Freiwilligen-Survey« der Bundesregierung – einer telefonischen Umfrage bei 15 000 Deutschen aus dem Jahr 2004 – steht »Spaß« in der Liste dessen, was Freiwillige von ihrem Engagement erwarten, deutlich an erster Stelle.

Ist der Schweinehund immer noch skeptisch? Geben Sie ihm ein wenig Recht – das gehört zu jeder guten Argumentation dazu. Richten Sie ihm aus, dass Philosophen die Frage »Macht Tugend glücklich?« vorsichtiger beantworten. Otfried Höffe etwa sagt, dies sei »meistens« der Fall, und er begründet seine Antwort so: Auch wenn es in der Hand des Menschen liegt, sich zu einem tugendhaften Zeitgenossen zu entwickeln und im Sinne der Tugend zu handeln, ist er für das volle Gelingen seines Lebens nicht vollständig selbst verantwortlich. Bei bestem Willen nicht. Denn ein glückliches Leben braucht immer auch glückliche Umstände, also ein Geschenk von außen. »Böse Widerfahrnisse tragen weder einen Detektor an sich, der die Redlichen von den Schurken trennt, noch haben sie den Willen und die Macht, die Bösen heimzusuchen und die Guten zu verschonen«, schreibt Höffe. Die Tugend sei weder ein Amulett noch ein Impfstoff, um vor Kummer und Leid zu schützen.

Das gilt nicht zuletzt für die Sekundärtugenden, die dem Schweinehund ein Graus sind. Es braucht Disziplin und Durchhaltevermögen, um die eigenen Ziele zu erreichen – was durchaus glücklich machen kann.

**Tugend führt nicht geradewegs ins Glück,
sie gibt dem Glück aber eine Chance.**

2. Argument: Tugend macht erfolgreich

Vor allem die Kardinaltugenden helfen dabei, eigene Ziele zu verwirklichen und erfolgreich zu sein. Ihr Sinn für Gerechtigkeit unterstützt Sie dabei, ein sinnvolles Ziel auszuwählen. Die Klugheit ermöglicht es Ihnen, die richtigen Mittel zu wählen und den richtigen Weg zum Ziel einzuschlagen. Tapferkeit und Maß sorgen dafür, dass Sie Disziplin aufbringen und bis zum Ziel durchhalten.

Ist der Schweinehund überzeugt? Wenn nicht, erklären Sie ihm den Zusammenhang noch einmal umgekehrt: Wer unklug handelt, feige und unbeherrscht ist, hat wenig Aussicht auf Erfolg.

»Erfolg allein darf nicht der Maßstab sein für die Güte einer Tat«, soll Shakespeare bereits gesagt haben, und das könnte auch der Schweinehund einwenden. Und wer abseits des Pfades der Tugend wandelt, ist nicht automatisch erfolglos. Es ist nicht einmal ausgeschlossen, dass er vielleicht besonders viel Erfolg hat. Zum Beispiel finanziellen Erfolg: Immer wieder kursieren Nachrichten darüber, wie sich unredliche Manager persönlich bereichern. Oder Erfolg im Sinne einer erfolgreichen Karriere: Es ist bekannt, dass Spitzenführungskräfte nicht unbedingt zimperlich mit ihren Konkurrenten umgehen, wenn es um die Besetzung begehrter Positionen geht. Doch Punktsiege auf Kosten der Tugend garantieren noch lange keinen langfristigen Erfolg. Vielmehr scheint gerade das kontinuierliche Wandeln auf dem Tugendpfad zu dauerhaftem Erfolg zu führen.

Die Strategie- und Technologieberatung Booz Allen Hamilton (BAH) und das Aspen Institut konnten mit einer Befragung von 365 Unternehmen aus 30 Ländern nachweisen, dass sich eine an ethischen Werten orientierte Unternehmensführung auszahlt: Fast alle überdurchschnittlich erfolgreichen Firmen gaben ethisches Handeln beziehungsweise Integrität als wichtigsten Wert an, während unter weniger erfolgreichen Unternehmen nur eine viel geringere Anzahl dieser Einschätzung zustimmte. Bei finanzstarken Unternehmen sind Wertvorstellungen und operatives Geschäft auch besser verzahnt: 94 Prozent der Befragten dieser Gruppe stimmen ihre Wertvorstellungen mit Zulieferern, Händlern und Partnern systematisch ab. Bei den weniger erfolgreichen Unternehmen gehen nur zwei von dreien so vor. Laut Christian Burger, Partner bei Booz Allen Hamilton und einer der Autoren der Studie, ist es einfach zu erklären, warum werteorientiert geführte Unternehmen so erfolgreich sind: »Je wertorientierter sich ein Konzern aufstellt, umso weniger benötigt er einen bürokratischen Unterbau, weil Werte dem Einzelnen als praktische Orientierungshilfe in komplexen Situationen dienen«, so Burger gegenüber der *Financial Times Deutschland*.[18]

Tugend kann also erfolgreich machen. Andererseits: Verdirbt Erfolg nicht auch den Charakter eines Menschen? Ist es nicht so, dass Erfolg eitel, egoistisch und selbstverliebt macht? Nicht zwangsläufig. Wenn ein Mensch über die Tugenden des Maßhaltens und der Klugheit verfügt, dann müsste er vor solchen Nebenwirkungen des Erfolgs gefeit sein. Mehr noch: Er würde deshalb erfolgreich sein, weil er diesen nicht direkt ersehnt und angesteuert, sondern eher beiläufig erreicht hat. Der Erfolg selbst würde ihn noch bescheidener machen, als er ohnehin schon ist.

Karl Kraus hat dies einmal so formuliert: »Erfolg steigt erst dann zu Kopfe, wenn der dazu benötigte Hohlraum vorhanden ist.«

Tugend ist ein Nährboden für Erfolg.

3. Argument: Tugend ist ein Zeichen von Klugheit

»Ich bin klug«, sagt der Schweinehund stolz, »weil ich für mein Herrchen in jeder Situation das Optimum heraushole. Egal wie.« Doch das kann auf Dauer ein großer Irrtum sein:

Drei Arbeitskollegen haben eine Fahrgemeinschaft gebildet. Reihum ist jeder einmal dran, sodass Kosten und Fahrzeugverschleiß gerecht verteilt sind. Das System funktioniert zunächst ganz gut, doch zunehmend schleichen sich Unregelmäßigkeiten ein, die immer von dem gleichen Kollegen ausgehen: Einmal braucht seine Frau dringend den Wagen, dann ist der Wagen in Reparatur, dann für die Wetterlage nicht geeignet. Es dauert eine ganze Weile, bis die beiden anderen Kollegen realisieren, dass es sich um nichts als Ausflüchte handelt. Sie fühlen sich ausgenutzt, stellen den Drückeberger aber nicht zur Rede. Allerdings geschieht es im Unternehmen immer häufiger, dass »versehentlich« wichtige Informationen an ihrem Mitfahrer vorbeigehen oder dass er zu Meetings nicht eingeladen wird.

Wer in jeder Situation den maximalen Profit für sich herausschlägt, ist vielleicht gerissen, aber nicht klug. Er fährt zwar jede Menge Punktsiege ein, indem er sich um Pflichten herumdrückt, andere übers Ohr haut und günstige Gelegenheiten aller Art beim Schopfe packt. Doch, schreibt Aristoteles, »eine Schwalbe macht noch keinen Frühling und auch nicht ein Tag. So macht auch nicht ein Tag oder eine kleine Zeitspanne den Menschen glücklich und selig.«[19]

Langfristig nämlich manövriert sich der Mensch durch eine derartig egoistische Nutzenmaximierung aus dem sozialen Netz heraus, in dem jeder gibt und nimmt, kooperiert und sich – ohne groß darüber nachzudenken – um der Gemeinschaft willen freiwillig beschränkt. Der Philosoph Kurt Bayertz bezeichnet dies als »moralische Selbstbindung« des Menschen durch die Tugend: Er »akzeptiert eine Einschränkung seiner Handlungsfreiheit, um auf diese Weise Ziele zu erreichen, die andernfalls nicht oder schwerer erreichbar wären.«

Hier noch ein weiteres Beispiel, das Ihren Schweinehund überzeugen könnte:

Zwei Bankräuber sitzen im Gefängnis. Um ein Geständnis zu erreichen, wird den Ganoven folgendes Angebot unterbreitet:

1. Wenn einer gesteht und der andere leugnet, wird der Geständige freigesprochen. Der andere muss zehn Jahre lang einsitzen.

2. Leugnen beide, kann ihnen die Untersuchungsbehörde statt des Bankraubs nur unerlaubten Waffenbesitz nachweisen. Dann müssen beide ein Jahr ins Gefängnis.
3. Gestehen beide, wird die Haftstrafe wegen ihrer Kooperationsbereitschaft auf fünf Jahre verkürzt.

Die Banditen können sich nicht absprechen, sondern nur erraten, wie sich der jeweils andere entscheiden wird: Gesteht der andere, ist es besser, auch zu gestehen. Dann gibt es fünf Jahre Haft. Leugnet der andere, ist es noch viel besser, zu gestehen. Denn darauf folgt der Freispruch. Also werden beide gestehen – beide bekommen fünf Jahre.

Beide Bankräuber haben in ihrer Situation klug gehandelt und deshalb nur das drittbeste aller möglichen Ergebnisse erzielt. (Null und ein Jahr Haft wären besser gewesen, allein die zehnjährige Haftstrafe ein noch schlechterer Deal.) Ein Paradox?

Ein besseres Ergebnis für beide hätten die Ganoven nur erzielen können, wenn sie beide geleugnet hätten. Ein äußerst risikoreiches Unterfangen, weil keiner von ihnen sicher sein konnte, ob der andere nicht doch gesteht und dem anderen damit eine zehnjährige Freiheitsstrafe aufbrummt. »Man könnte also sagen, dass sie zu Opfern ihrer eigenen Klugheit werden«, schließt Philosoph Bayertz aus der Geschichte, die auch als »Gefangenendilemma« bekannt ist. Denn beide wären besser weggekommen, wenn sie nicht klug gehandelt, sondern sich an die »Regeln der Ganovenehre gehalten hätten, die es verbietet zu ›singen‹«.

»Ganovenehre ist keine Tugend im Sinne eines guten und richtigen Lebens, und außerdem ist der Fall reichlich konstruiert!«, schimpft ihr Schweinehund? Recht hat er. Deshalb noch ein Beispiel, um letzte Zweifel zu beseitigen:

Zwei konkurrierende Wissenschaftler müssen jeweils in kurzer Zeit eine erhebliche Menge Daten auswerten. Würden sie ihre Ressourcen vereinen und sich gegenseitig helfen, dann verkürzte sich die Rechenzeit auf jeweils eine Woche. Rechnet jeder für sich, braucht jeder drei Wochen. Effektiv sparen also beide jeweils eine Woche Arbeit, wenn sie ihr eigenes Projekt in einer Woche berechnen und den Kollegen eine weitere Woche lang unterstützen. Doch derjenige, der zuerst bei der Datenauswertung hilft, kann nicht sicher sein, ob der Kollege nach Abschluss der eigenen Arbeit seine Unterstützung der anderen Arbeit nicht doch noch zurückzieht. Also verzichten beide auf die Kooperation.

Das gleiche Ergebnis: Kluges Handeln führt nicht zum optimalen Ergebnis, besser wäre es gewesen, wenn sich beide an die Tugend der Hilfsbereitschaft gehalten hätten. Tugendhaftes Handeln ist tatsächlich also klüger als ein kühl kalkulierendes Handeln. Anders gesagt: Wer gut und richtig handelt, handelt nicht gegen, sondern oft sogar im Sinne seines Interesses.

Dass es trotzdem nicht dazu kommt, liegt im großen Misstrauen der Schweinehunde begründet. Wenn es um viel geht, reden sie ihrem Menschen die Hilfsbereitschaft lieber aus, um ihn vor der Gerissenheit ihrer Schweinehund-Kollegen zu schützen.

Logisch ist Tugend klug.
Faktisch sieht die Sache leider manchmal anders aus.

4. Argument: Tugend verbindet

Der Mensch braucht Gemeinschaft – und Gemeinschaft braucht Tugend.

Denken Sie nur an eine Familie, in der eins der Geschwister nicht bereit ist, sich an den gemeinsamen Arbeiten zu beteiligen, und sei es nur so etwas Einfaches wie Geschirr abtrocknen. Der kleine

Schweinehund lacht sich vielleicht ins Pfötchen, wenn er sich mit einer Ausrede einmal wieder aus der Affäre gezogen hat, aber die Gemeinschaft leidet letztendlich unter diesem Verhalten. Und besonders beliebt wird der Drückeberger wohl auch nicht sein.

Oder denken Sie an ein Unternehmen, in dem eine Mitarbeiterin regelmäßig kleinere Beträge aus der Kasse »mitgehen« lässt. Während ihr habgieriger und unehrlicher Schweinehund Freudentänze aufführt, leidet der Betriebsfrieden. Misstrauen untergräbt das gesamte Team.

Stellen Sie sich nun eine größere Gemeinschaft vor, etwa ein Dorf oder einen Stadtteil. Je mehr Toleranz, Hilfsbereitschaft und auch Höflichkeit gelebt wird, desto besser funktioniert die Gemeinschaft. Aus der eigenen, kleinen Welt heraustreten – diese Motivation treibt Menschen vom Sofa herunter und hinein in ehrenamtliches Engagement. »Ich will durch mein Engagement vor allem mit anderen Menschen zusammenkommen« – 60 Prozent aller Befragten im Freiwilligen-Survey stimmten diesem Punkt »voll und ganz« zu, weitere 35 Prozent »teilweise«. Auch Hans-Werner Bierhoff, Professor für Sozialpsychologie an der Ruhr-Universität Bochum, bestätigt diesen Befund: »Ein Motiv, das wir sehr häufig gefunden haben, ist die soziale Bindung: Leute treffen, die nett sind. Freundschaften entwickeln.«

Tugend kann sogar weltweite Gemeinschaften schaffen. Dies zeigt sich immer wieder, wenn große Katastrophen die gesamte Menschheit erschüttern. Zumindest den Teil der Menschheit, der durch Fernsehen, Radio und Internet mit den entsprechenden Informationen versorgt wird.

Nach dem großen Seebeben in Ostasien verzeichnete Deutschland Spendenrekorde. Innerhalb kürzester Zeit flossen mehrere Hundert Millionen Euro. Private Großverdiener, normale Bürger, Unternehmen, Rockbands und Fernsehsender – alle beteiligten sich weit über die übliche Spendenbereitschaft hinaus, die mit 2,3 bis 2,4 Milliarden Euro jährlich in Deutschland ohnehin recht ausgeprägt ist.

Julius Kuhl, Professor für Persönlichkeitspsychologie an der Universität Osnabrück, erklärt das Phänomen so: »Der Mensch will etwas, was ihn mit anderen vernetzt.« Im Anschluss an die Katastrophe habe sich so etwas wie eine weltweite Gemeinschaft der Mitfühlenden gebildet, eine globale Hilfsgemeinschaft, eine globale Wertegemeinschaft. Da wollten alle dabei sein. Sie wollten teilhaben an etwas Großem.[20]

**Gemeinschaft macht den Menschen glücklich.
Tugend macht Gemeinschaft möglich.**

Daneben spiele der Aspekt der Selbsterfahrung eine große Rolle: »Wer sich in einem Projekt engagiert, lernt sich außerdem selbst besser kennen«, so Bierhoff. Er kann Neues erproben, seine Grenzen ausloten, Ängste anschauen, Mitgefühl aktivieren, Teamgeist trainieren … also in vielen Aspekten neue Erfahrungen mit sich selber machen und dabei persönlich wachsen und reifen.

5. Argument: Tugend steigert das Selbstwertgefühl

Diesen Effekt können Sie in jeder Fußgängerzone beobachten. Schauen Sie einmal, wie sich der Ausdruck derjenigen verändert, die einem Bedürftigen oder einem Straßenmusiker etwas spenden: Sie lächeln, und wenn sie weitergehen, scheinen sie ein paar Zentimeter gewachsen zu sein. Vielleicht kennen sie diese Nachwirkung auch von sich selbst.

»Schon gut«, sagt der innere Schweinehund. »Doch alle diese Beispiele variieren die Tugend der Hilfsbereitschaft.« Was ist denn nun mit den anderen Tugenden: Ehrlichkeit? Ordnung? Tapferkeit? Eine Steigerung des Selbstwertgefühls stellt sich schon allein deshalb ein, weil das Sich-Durchringen zu einer Tugend eine Verhaltensänderung erfordert. Wer es schafft, aus einem alten Trott herauszutreten und über seinen eigenen Schatten zu springen, schafft immer etwas Großartiges. Ganz gleich, um welche Tugend es sich konkret handelt. Ja, in der Tat könnte man sagen: Letztlich ist es wohl »egal«, an welcher Tugend man konkret an sich selbst arbeitet – der Profit tritt in jedem Fall ein (was schließlich auch schon wieder »schweinehundfreundlich« ist).

Tugend macht groß.

Schließlich gilt das Gleiche wie für das Thema Erfolg. Der Effekt ist umso größer, je weniger Sie sich direkt darauf konzentrieren. Henry David Thoreau hat einmal gesagt: »Sei nicht zu moralisch, du könntest dich dadurch um ein gut Teil Leben betrügen. Ziele über die Moral hinaus. *Sei nicht einfach gut, sei gut für etwas*!«

1. Die Tugenden Ihrer Eltern

Versetzen Sie sich bitte kurz zurück in Ihre Kindheit. Stellen Sie sich vor, wie Sie Ihre Eltern erlebt haben. Welche Werte hatten bei Ihnen zu Hause eine große Bedeutung? Wie hat sich dies im täglichen Leben gezeigt?

Gehen Sie dann bitte die Liste der Tugenden durch und überlegen Sie sich bei jedem Stichwort, ob diese Tugend in Ihrem Elternhaus »sehr wichtig« war, ob Sie nur »wichtig« war oder vielleicht sogar »unwichtig«. Ihre Bewertung können Sie direkt in die Liste eintragen – oder kopieren Sie die Liste in mehrfacher Ausführung, damit Sie sie mehrmals nutzen können.

Dann können Sie sich auf die Tugenden konzentrieren, die Sie als »sehr wichtig« eingestuft haben. Schreiben Sie diese Tugenden auf kleine Notizzettel (selbstklebende »Post its« eignen sich besonders gut). Legen (beziehungsweise kleben) Sie diese Zettel jetzt so untereinander, dass sich eine hierarchische Reihenfolge ergibt. Ganz oben steht die allerwichtigste Tugend, am unteren Ende diejenige, der die geringste Bedeutung zukam. Sie können sich dabei auf zehn Punkte beschränken.

Es wird nicht ganz leicht sein, tatsächlich eine Hierarchie zu bilden. Vielleicht haben Sie das Gefühl, dass zum Beispiel »Dankbarkeit« auf der gleichen Stufe stand wie »Höflichkeit«. Versuchen Sie bitte dennoch, auch in solchen Zweifelsfällen eine Entscheidung zu treffen.

Erinnern Sie sich außerdem an typische Situationen, in denen diese Tugenden zum Tragen kamen. Notieren Sie sich dazu einige Stichpunkte. Vielleicht erinnern Sie sich auch daran, dass eine bestimmte Tugend offiziell »hochgehalten«, im täglichen Leben aber nicht gelebt wurde. Notieren Sie auch das.

Da Mutter und Vater in vielen Familien unterschiedliche Wertvorstellungen haben – vielleicht pocht der Vater mehr auf Zuverlässigkeit, während der Mutter Ehrlichkeit am wichtigsten ist –, finden Sie im Folgenden zwei Tabellen. Vertraten Ihre Eltern weitgehend übereinstimmende Werte, können Sie sich natürlich auch auf einen gemeinsamen Wertekanon Ihres Elternhauses konzentrieren.

Diese Tugenden waren meiner Mutter wichtig:

Tugend	Typische Situation
1	
2	
3	
4	
5	
6	
7	
8	
9	
10	

Diese Tugenden waren meinem Vater wichtig:

Tugend	Typische Situation
1	
2	
3	
4	
5	
6	
7	
8	
9	
10	

2. Tugenden in Ihren vier Lebensbereichen

Der aus dem Iran stammende Arzt Nossrat Peseschkian erforschte jahrelang in 16 verschiedenen Kulturkreisen, welche Faktoren maßgeblich sind, damit Menschen ein erfülltes und glückliches Leben führen können. Er kam zu dem Ergebnis, dass letztlich vier Bereiche entscheidend seien, gewissermaßen ruhe ein erfülltes Leben auf vier tragenden Säulen, den hier folgenden:

1. Beruf und Finanzen
2. Gesundheit und Fitness
3. Familie und soziale Kontakte
4. Sinn und Kultur

Schauen Sie sich nun bitte die lange Tugendliste noch einmal an und überlegen Sie sich für jeden Ihrer vier Lebensbereiche, welche

145

zehn Tugenden Ihnen ganz besonders wichtig sind. Sie werden möglicherweise erstaunt sein, wie unterschiedlich Ihre persönlichen Schwerpunkte sind. Vielleicht sind Ihnen in Ihrem Job vor allem Sekundärtugenden wichtig, wie Zuverlässigkeit, Pünktlichkeit, vielleicht sogar Gehorsam. In Ihrer Familie legen Sie unter Umständen Wert auf ganz andere Tugenden: Liebe, Güte, Hilfsbereitschaft. Wenn es um Ihre Fitness geht, steht vielleicht Disziplin recht weit oben auf Ihrer persönlichen Liste, während Sie in Kino oder Konzert, Museum oder Meditation Wert auf ganz andere Aspekte legen.

Notieren Sie in den folgenden Tabellen also wieder die zehn Tugenden, die Ihnen am wichtigsten sind, und schreiben Sie einige Stichpunkte zu typischen Situationen dazu:

Wenn es um meinen Beruf und meine Finanzen geht, sind mir diese Tugenden wichtig:

Tugend	Typische Situation
1	
2	
3	
4	
5	
6	
7	
8	
9	
10	

Wenn es um meine Gesundheit und meine Fitness geht, sind mir diese Tugenden wichtig:

Tugend	Typische Situation
1	
2	
3	
4	
5	
6	
7	
8	
9	
10	

Wenn es um meine Familie und meine sozialen Kontakte geht, sind mir diese Tugenden wichtig:

Tugend	Typische Situation
1	
2	
3	
4	
5	
6	
7	
8	
9	
10	

Wenn es um Sinn und Kultur geht, sind mir diese Tugenden wichtig:

Tugend	Typische Situation
1	
2	
3	
4	
5	
6	
7	
8	
9	
10	

3. Selbstbild und Fremdbild

Das, was Sie über sich selbst denken, weicht manchmal deutlich von dem ab, was andere von Ihnen denken. Vielleicht halten Sie sich für ausgesprochen hilfsbereit, andere empfinden das aber überhaupt nicht so. Oder Sie glauben, über große Geduld zu verfügen, wirken auf andere aber alles andere als gelassen und geduldig.

Wenn Selbstbild und Fremdbild stark voneinander abweichen, kann das immer wieder zu Missverständnissen und zu Spannungen im Zusammenleben führen. Auch wenn Ihr Schweinehund überhaupt keine Lust dazu hat (Selbsterkenntnis ist ja der erste Schritt zur Veränderung, und Veränderungen sind dem Schweinehund ein Graus): Sorgen Sie regelmäßig für einen Abgleich!

Folgender Test kann dabei hilfreich sein: Nehmen Sie sich wieder die Liste auf den Seiten 140 bis 142 vor und wählen Sie die zehn Tugenden aus, durch die Sie sich Ihrer Einschätzung nach besonders auszeichnen. Notieren Sie wieder typische Situationen dazu. Anschlie-ßend geben Sie einer Person, der Sie besonders vertrauen, die lange Tugendliste. Lassen Sie diese Person eine Auswahl der Tugenden tref-fen, durch die Sie sich aus deren Perspektive besonders auszeichnen.

Stellen Sie die Auswahl Ihres Gegenübers nicht infrage! Versu-chen Sie auch nicht, sich zu rechtfertigen. Hören Sie sich zunächst in Ruhe an, warum Ihr Gegenüber welche Tugenden ausgewählt hat. Stellen Sie Fragen, wenn Ihnen etwas unklar ist. Im nächsten Schritt können Sie Ihre Listen vergleichen und über eventuelle Dif-ferenzen sprechen.

Wichtig ist, dass Sie eine Person auswählen, die nicht davor zurückschreckt, Klartext zu sprechen. Das kann eine Freundin sein oder ein Freund, ein vertrauenswürdiger entfernter Bekannter, ein Coach, die eigene Schwester oder der eigene Bruder und nicht zu-letzt natürlich der eigene Ehepartner oder die Ehepartnerin. Weni-ger geeignet sind Arbeitskollegen, mit denen Sie möglicherweise in einem Konkurrenzverhältnis stehen.

Selbstbild: Diese Tugenden zeichnen mich aus

Tugend	Typische Situation
1	
2	
3	
4	
5	
6	
7	
8	
9	
10	

Fremdbild: Diese Tugenden zeichnen dich aus

Tugend	Typische Situation
❶	
❷	
❸	
❹	
❺	
❻	
❼	
❽	
❾	
❿	

4. Tugenden, die Sie bei anderen bewundern

Eigentlich müsste dieses Buch »Besser und richtiger leben« heißen, denn wenn Sie völlig zufrieden mit Ihrem Leben wären, dann hätten Sie es wahrscheinlich nicht zur Hand genommen. Es geht also um Selbstveränderung. Es kann allerdings sehr schwerfallen, aus eingefahrenen Verhaltensweisen herauszukommen. (Mit welchen Trainingseinheiten Sie dennoch kleine Veränderungen herbeiführen können, betrachten wir am Ende dieses Kapitels.) Ein bisschen leichter können Sie es sich dabei mit »leuchtenden Zielbildern« machen. Was bedeutet das?

Stellen Sie sich vor, Sie möchten ein Haus bauen. Das bedeutet viele Kosten, Mühen und Nerven. Sie sind umso eher bereit, diese auf sich zu nehmen, je genauer Sie sich Ihr »Traumhaus« im Vorfeld vorgestellt haben. Vielleicht liegen Ihnen detaillierte Pläne und Zeichnungen vor? Dann fällt es Ihnen möglicherweise noch viel leichter, Ihre Energie auf dieses Ziel zu fokussieren, als wenn Sie lediglich die nebulöse Vorstellung »Einfamilienhaus« hätten. Ihr Schweinehund muss wissen, wozu die Anstrengung gut ist – dann ist er sogar zu regelrechter Plackerei zu bewegen.

So ähnlich ist es auch mit dem Ziel der Selbstveränderung auf dem Weg zu einem guten und richtigen Leben. Stellen Sie sich eine Person vor, die Sie besonders bewundern. Das kann ein entfernter Bekannter sein, eine Politikerin, ein Musiker, eine Nachbarin, eine längst verstorbene Großtante, ein Philosoph aus vergangenen Jahrhunderten. Gehen Sie wieder die Liste der Tugenden durch und erstellen Sie ein Tugendprofil für die von Ihnen bewunderte Person.

Besorgen Sie sich ein Bild dieser Person und hängen Sie dieses Bild so an Ihre Wand, dass Sie es oft im Blick haben. Vielleicht werden Sie feststellen, dass dieser Anblick im Wortsinne »erhebend« ist. Viele Menschen richten sich innerlich auf, sobald sie ihr Vorbild erblicken. Es ist daher kein Zufall, dass in den Besprechungszimmern vieler Familienunternehmen das Konterfei des Firmengründers prangt, die Abbilder historischer Amtsträger in den Korridoren der Rathäuser oder lange Ahnengalerien in denen der Fürstenhäuser hängen (vgl. dazu auch Seite 21).

Wenn Ihnen keine passende Person einfällt, können Sie auch an mehrere Menschen denken. Vielleicht bewundern Sie bei diesem den Humor, bei jenem die Aufrichtigkeit.

Diese Tugenden bewundere ich bei anderen:

Tugend	Person/Situation
1	
2	
3	
4	
5	
6	
7	
8	
9	
10	

5. So möchte ich sein

Jetzt haben Sie sich Gedanken darüber gemacht und vielleicht auch mit anderen diskutiert, woher Ihr persönlicher Tugendkanon kommt, welche Tugenden Ihnen in Ihren vier verschiedenen Lebensbereichen wichtig sind, wie es um Ihre eigene Tugendhaftigkeit bestellt ist und welche Tugenden Sie bewundern.

Schauen Sie sich Ihre Ergebnisse noch einmal an. Und jetzt gehen Sie den entscheidenden nächsten Schritt: Schreiben Sie auf, welche Tugenden Sie von nun an trainieren – und in welchen Situationen Sie das tun möchten.

Diese Tugenden möchte ich trainieren:

Tugend	Typische Situation
1	
2	
3	
4	
5	
6	
7	
8	
9	
10	

Trainieren Sie Ihren Schweinehund

Und schon ist er weg – nicht wahr? Der innere Schweinehund rennt sofort los, um Sabotageakte vorzubereiten, wenn er »Training« oder »Veränderung« hört. Vor allem dann, wenn noch das Wörtchen »dauerhaft« dazukommt. Gut informierte Schweinehunde sollen mittlerweile sogar Studien aus der Hirnforschung aus ihrem Körbchen ziehen, um zu beweisen, dass persönliche Veränderungen überhaupt nicht möglich sind – nach dem Motto: »Was Hänschen nicht lernt, lernt Hans nimmermehr!«

Tatsächlich gibt es solche Studien. Und tatsächlich funktioniert Selbstveränderung wahrlich nicht von selbst. Mit dem lockeren Lesen eines Ratgeberbüchleins ist es nicht getan – das ist völlig klar. Es kann durchaus lange dauern, bis eine Veränderung gelingt. Monate, manchmal auch Jahre! Natürlich können auch Sie es schaffen. Vielleicht kennen Sie einen Menschen, dem es gelungen ist, sich von einer Krankheit (dazu zählen auch Süchte aller Art), von einem destruktiven Umfeld, von vielen überzähligen Pfunden oder von mehreren Kubikmetern Gerümpel zu befreien. Lassen Sie sich erzählen, wie er oder sie diese Veränderung geschafft hat. Das ist oft motivierender als viele Beispiele in Ratgebern.

Können Sie sich überhaupt verändern?

Und lassen Sie sich bitte nicht von manchen Ergebnissen der Hirnforschung demotivieren. Zum Beispiel von der Behauptung einiger

Neurowissenschaftler, der Mensch habe nicht die Wahl, moralisch oder nicht moralisch zu handeln. »Unser gesamtes Handeln ist durch die Verschaltungen in unserem Gehirn determiniert«, erklärte etwa Hans Markowitsch, Hirnforscher in Bielefeld, in einem Interview im *Spiegel*.[21]

Wenn das der Fall wäre, bräuchten Sie wahrscheinlich dieses Buch nicht zu lesen. Sie hätten entweder das Glück, gleichsam »von Natur« aus gut und richtig zu leben, oder eben nicht.

Andere Wissenschaftler gehen von einem angeborenen Sinn für Moral aus – so wie etwa Sprachforscher von einem im Gehirn verankerten Repertoire grammatikalischer Urregeln ausgehen. Die These vom Moralsinn basiert auf drei Annahmen:

- Bei allen gesunden Menschen spielen sich ethische Entscheidungen in den gleichen Hirnregionen ab. Die Evolution könnte also eine Art »moralisches Gehirn« im Denkorgan verankert haben.
- Überall auf der Welt haben Menschen ein ähnliches Gespür für Werte wie Fairness, Verantwortung oder Dankbarkeit. Bereits Kleinkinder verfügen über moralisches Urteilsvermögen.
- Die Rechtssysteme aller Nationen fußen auf ähnlichen Ge- und Verboten.

Wesentlich ist die Vermutung, dass dem Menschen ein Sinn für Moral angeboren ist, der aber – und hier liegt die Chance für Veränderungen – entwickelt werden muss. Bleibt er brachliegen, weil das Umfeld keinen Wert auf Werte legt, dann entsteht auch kein Verständnis für das Gute und das Böse, das Richtige und das Falsche.

Experten verschiedener Fachrichtungen – Psychologen und Philosophen zum Beispiel – gehen davon aus, dass es ziemlich schwierig, wenn nicht sogar unmöglich ist, in fortgeschrittenem Alter zu einem tugendhaften Menschen zu werden, wenn die Grundlagen dazu nicht schon in der frühen Kindheit gelegt wurden. Verfeinerungen in Sachen Tugend sind aber durchaus möglich.

Das lässt sich sogar mit den Theorien vieler Hirnforscher erklären: Stellen Sie sich die Wege, die Ihr Denken nimmt, wie Trampelpfade auf einem verschneiten Platz vor. Je häufiger die Passanten (also Ihre Gedanken) einen Weg einschlagen, desto breiter wird er ausgetreten. Nachts verfestigt er sich zusätzlich, weil sich eine Eisschicht über den Schnee legt. (Etwas Ähnliches geschieht mit Ihren Gedankenwegen, während Sie schlafen.)

Denken Sie sich nun eine Bushaltestelle auf der einen Seite des Platzes und eine Rolltreppe zur U-Bahn-Station auf der anderen Seite. Tagsüber steigen Hunderte von Personen hier um. Der Weg durch den Schnee ist entsprechend breit. Eines Tages wird die Bushaltestelle um 50 Meter verlegt. Was geschieht?

Die Menschen, die von der U-Bahn-Station zur Bushaltestelle streben, schlagen zunächst die gewohnte Richtung ein, folgen dem ausgetretenen Trampelpfad und biegen erst recht spät zur neuen Haltestelle ab. Sie nehmen also einen Umweg in Kauf, um sich den mühsamen Weg durch den überfrorenen Schnee zu sparen.

So lange, bis eine Person bewusst einen ganz neuen Weg beschreitet: Die kürzeste Verbindung zwischen beiden Haltestellen, quer durch den noch unberührten Schnee. Diesem Vorreiter folgen immer mehr Menschen, bis sich auch hier ein breit ausgetretener Weg gebildet hat. Auch dieser Weg verfestigt sich durch nächtliche Fröste.

Nun existieren zwei Wege, der ursprüngliche und der neue. Es geschieht immer wieder, dass ein Passant so gestresst oder so zerstreut ist, dass er wieder den alten Pfad einschlägt.

Wenn Sie nun also beschließen, pünktlicher, höflicher, ehrlicher, mutiger oder wie auch immer tugendhafter zu sein, dann müssen Sie bewusst einen neuen Weg einschlagen.

Dieser Weg ist zunächst viel beschwerlicher als der alte: Sie stapfen durch unbekanntes Terrain, kennen sich nicht aus, können nicht »blind« ihren Erfahrungen folgen. Sie nehmen ein Risiko in Kauf (Ihr Ziel nicht zu erreichen), außerdem erhöhte Anstrengungen. Leider ist es nicht ausreichend, diesen Querfeldeinlauf ein ein-

»Auf ausgetretenen Pfaden
marschiert es sich leichter!«

ziges Mal zu überstehen. Nein – der neue Weg muss immer und immer wieder beschritten werden, bis er sitzt. So funktioniert Lernen aus Sicht der Hirnforschung.

Schweinehundanfällig ist die Sache aus zwei Gründen:

1. Das Beschreiten des neuen Weges erfordert zusätzliche Anstrengung. Der eigentliche Gewinn – insgesamt ist der Weg jetzt kürzer – kommt erst später zum Tragen.
2. Der ursprüngliche Trampelpfad bleibt bestehen. In einem schwachen Moment kann der Schweinehund Sie jederzeit dorthin zurücklotsen.

In fünf Schritten zum guten und richtigen Leben

Wenn Sie besser und richtiger als bisher leben wollen, dann können Sie nun also frohen Mutes neue Spuren in Ihrem Hirn anlegen. Je öfter Sie die neuen Wege einschlagen, desto vertrauter werden sie Ihnen.

157

Nehmen Sie sich nun also die Tugenden vor, die Sie persönlich trainieren wollen, und zwar eine nach der anderen. Überlegen Sie sich typische Situationen, in der Sie diese Tugend von nun an leben wollen. Gehen Sie ins Detail – und zwar gemeinsam mit Ihrem Schweinehund:

1. Welche Tugend kassiert Ihr Schweinehund?
2. Was könnte der Schweinehund damit bezwecken?
3. Wie können Sie das Ziel des Schweinehundes auf vernünftige (hier also: tugendhafte) Weise berücksichtigen?
4. Was genau geht schief – und was müssen Sie ändern, damit Sie es in Zukunft schaffen?
5. Was können Sie tun, wenn Hindernisse auftauchen?

Barrierebezogene Strategieplanung

Vielleicht haben Sie sich über den fünften Punkt gewundert: »Was tun bei Hindernissen?« Dieser Punkt ist ganz besonders wichtig. Das haben Psychologen der Freien Universität Berlin herausgefunden und »barrierebezogene Strategieplanung« genannt. Wer sich etwas vornimmt – bei der Studie der FU Berlin ging es um regelmäßiges Sporttreiben –, kann dies eher umsetzen, wenn er sich im Vorfeld bereits Handlungsalternativen für den Fall überlegt, dass etwas dazwischenkommt. Zum Beispiel einen Schwimmbadbesuch, wenn das Wetter die Joggingrunde verhagelt. Es ist offenbar viel leichter, einem »Plan B« zu folgen, wenn man diesen bereits in der Tasche hat.

»Der Trick ist, die barrierebezogene Strategieplanung in einer ruhigen Situation auszuarbeiten, und nicht erst dann zu überlegen, wenn man in Stress gerät und eine Entscheidung zugunsten oder gegen einen guten Vorsatz treffen muss«, erklärt Benjamin Schüz, Psychologe an der FU Berlin, gegenüber der Zeitschrift *Brigitte*.[22] In stressigen Situationen lassen wir uns vom Schweinehund ganz leicht überrumpeln. Steht der Alternativplan aber, so können wir ihm ganz gelassen folgen und sind geradezu taub für alle spitzfindigen Argumente und faulen Ausreden, die uns der Schweinehund ins Ohr kläfft.

Beispiel Pünktlichkeit

Gehen wir die fünf Schritte einmal an einem einfachen Beispiel aus der Liste der Sekundärtugenden durch, der Pünktlichkeit:

1. Der Schweinehund kassiert Ihre Pünktlichkeit: Sie haben die Angewohnheit, zu spät zu kommen: zu Meetings, zum Geburtstagskaffee, zum Zug. Damit soll jetzt Schluss sein.

2. Warum tut er das? Eigentlich ist Ihr Terminkalender immer viel zu voll. Es ist kein Wunder, dass dauernd Verzögerungen passieren. Eine rote Ampel zu viel reicht schon, und Sie sind wieder zu spät.

3. So kommen Sie ihm entgegen: Sie entschlacken Ihren Terminkalender, indem Sie zum Beispiel die Zahl Ihrer Meetings reduzieren, Ehrenämter aufgeben oder Wege verkürzen.

4. So können Sie das Problem in den Griff bekommen: Sie analysieren die Gründe für Ihre Verspätung und finden Alternativen:

Problem	Gegenstrategie
Ich weiß nie genau, was ich anziehen soll.	Kleidung und Schuhe am Abend vorher zurechtlegen.
Mein Schlüssel liegt nie da, wo ich ihn vermute.	Schlüsselbrett installieren.
Ich finde meine Unterlagen nicht.	Unterlagen am Abend vorher zusammenstellen.
Ich verfahre mich regelmäßig.	Navigationsgerät anschaffen.
Zu viele rote Ampeln, zu viel Stau.	Mehr Pufferzeiten einbauen.

5. So sieht Ihre barrierebezogene Strategieplanung aus: Sie überlegen sich, was Sie tun können, wenn der Schweinehund wieder angreift:

Notfallplan
Wenn ich nicht dazu gekommen bin, Kleidung zurechtzulegen, und nach fünf Minuten Bedenkzeit immer noch zu keinem Ergebnis komme, greife ich auf eine Standardkombination zurück.
Ich bitte meine Frau/meinen Mann, einen Zweitschlüssel für mich aufzubewahren. Immer, wenn ich auf diesen Schlüssel zurückgreifen muss, überweise ich eine Spende an eine gemeinnützige Organisation.
Wenn ich die Unterlagen nicht am Abend vorher zusammengestellt habe, stehe ich am nächsten Morgen früher auf. Ich bitte jemanden, mein rechtzeitiges Aufstehen streng zu überwachen.
Ich suche nicht mehr lange »auf gut Glück« nach dem Weg, sondern halte möglichst sofort an, schaue in die Karte und/oder hole mir Hilfe.
Ich rufe meine Gesprächspartner rechtzeitig an, wenn es sich abzeichnet, dass ich durch dichten Verkehr aufgehalten werde.

Beispiel Ehrlichkeit

1. Der Schweinehund kassiert Ihre Ehrlichkeit: Es passiert Ihnen immer wieder, dass Sie schweigen, wenn sich jemand zu Ihren Gunsten »verrechnet«, oder dass Sie Dinge behalten, die Ihnen nicht gehören. Einerseits freut sich der Schweinehund schelmisch über das Gewonnene, andererseits schämen Sie sich dafür.

2. Warum tut er das? Der Schweinehund hat den Eindruck, dass Sie sowieso vom Leben zu wenig bekommen und so einen kleinen Ausgleich schaffen können.

3. So kommen Sie ihm entgegen: Machen Sie sich bewusst, wie reich Ihr Leben wirklich ist und wofür Sie dankbar sein können.

Versuchen Sie auch Ihrem Schweinehund klarzumachen, dass Sie sich selbst schaden, wenn Sie andere übervorteilen, und dass es Ihnen mit Ehrlichkeit besser gehen würde.

4. So können Sie das Problem in den Griff bekommen: Sie analysieren die Situationen, in denen Sie zu Unehrlichkeit neigen:

Problem	Gegenstrategie
Wenn sich eine Kassiererin zu meinen Gunsten verrechnet, sage ich nichts.	Ich atme tief durch und mache die Kassiererin auf ihren Fehler aufmerksam.
Wenn ich ein Portemonnaie oder einen Wertgegenstand finde, behalte ich das Fundstück.	Ich bringe das Fundstück sofort zum Fundbüro.
Ich nehme etwas an, das ich an eine andere Person weiterleiten soll – behalte es aber einfach.	Ich informiere den Empfänger direkt, damit ich mich selbst unter »Zugzwang« setze.

5. So sieht Ihre barrierebezogene Strategieplanung aus: Sie überlegen sich, was Sie tun können, wenn der Schweinehund wieder angreift:

Notfallplan
Wenn ich zu viel Wechselgeld bekommen oder zu wenig bezahlt habe, gehe ich später in das Geschäft zurück und rücke die Sache wieder gerade – auch wenn schon ein paar Tage verstrichen sind.
Schaffe ich es nicht, zum Fundbüro zu gehen, dann schicke ich das Fundstück per Post dorthin – und sei es noch Wochen später.
Wenn ich die Übergabe bis zu einem bestimmten Termin nicht erledigt habe, beauftrage ich einen externen Dienstleister und trage die (wahrscheinlich unverhältnismäßig hohen) Kosten dafür.

Beispiel Tapferkeit

1. Der Schweinehund kassiert Ihre Tapferkeit: Sie möchten mehr Courage an den Tag legen, in der Öffentlichkeit, aber auch innerhalb Ihres Unternehmens und Ihrer Familie.

2. Warum tut er das? Ihre couragierten Einsätze sind in der Vergangenheit manches Mal auf Unverständnis gestoßen. Anschließend haben Sie sich beschämt gefühlt.

3. So kommen Sie ihm entgegen: Sie besprechen »missglückte« Aktionen der Tapferkeit mit einer Person Ihres Vertrauens (eine Freundin, ein Freund, ein Coach), um herauszufinden, was schiefgelaufen ist und wie Sie es in Zukunft erfolgreicher angehen können.

4. So können Sie das Problem in den Griff bekommen: Sie analysieren die Situationen, in denen der Mut Sie verlässt.

Problem	Gegenstrategie
Mein Arbeitgeber verstößt gegen geltendes Recht, zum Beispiel durch Missachtung von Auflagen oder Umgehung der betrieblichen Mitbestimmung.	Ich bespreche das Problem mit einer Vertrauensperson im Unternehmen, zum Beispiel dem Betriebsrat.
Ein Freund fällt ein vorschnelles Urteil über eine dritte Person, mit dem ich nicht einverstanden bin. Ich sage aber nichts.	Wenn mir keine passenden Gegenargumente einfallen, stelle ich zumindest grundsätzliche Fragen (zum Beispiel »Wie kommst du zu deiner Einschätzung?« oder »Woher stammen denn deine Informationen?«).
Ich sehe, wie eine hilflose Person in der Öffentlichkeit belästigt wird. Ich greife nicht ein.	Ich schreite ein, falls ich mich damit nicht erkennbar gefährde, sonst rufe ich laut (zum Beispiel »Hören Sie auf!«).

5. So sieht Ihre barrierebezogene Strategieplanung aus: Sie überlegen sich, was Sie tun können, wenn der Schweinehund wieder angreift:

Notfallplan
Wenn ich bis zu einem bestimmten Termin nichts an der Lage ändern konnte, beginne ich aktiv mit der Suche nach einem neuen Job.
Ich spreche das Thema später noch einmal an und stelle ruhig und klar meine abweichende Position dar.
Wenn ich keinen Mut habe, selbst einzugreifen, werde ich zumindest die Polizei verständigen.

1. Welche Tugend kassiert mein Schweinehund? Wie?

_____

_____

_____

_____

2. Warum tut er das?

_____

_____

_____

_____

3. So komme ich ihm entgegen:

_____

_____

_____

_____

_____

4. So bekomme ich das Problem in den Griff:

Problem	Gegenstrategie

5. So sieht meine barrierebezogene Strategieplanung aus:

Notfallplan

Fordern Sie Ihren Schweinehund heraus

»Es gibt nichts Gutes, außer man tut es.« So lautet ein bekannter Spruch von Eugen Roth. Wenn Sie gut und richtig leben wollen, helfen Ihnen noch so viele Bücher über Werte, Moral oder Tugend gar nichts. Es bleibt Ihnen nichts anderes übrig, als tatsächlich zur Tat zu schreiten.

Um Ihren Schweinehund nicht zu verschrecken, beginnen Sie am besten mit ganz kleinen Schritten. Das ist einfacher, als gleich die ganz große Aktion in Zivilcourage hinzulegen, die am nächsten Morgen in der Zeitung steht. Machen Sie sich den Anfang ganz leicht. Zum Beispiel so:

Tugend	Leichtes Aufwärmtraining
Maßhalten	Ich esse nicht wie gewohnt zwei Stücke Kuchen, sondern nur eins.
Aufrichtigkeit	Ich gestehe einen kleinen Fehler ein.
Dankbarkeit	Ich schenke jemandem einen Strauß Blumen, dem ich danken möchte.
Höflichkeit	Ich grüße den Nachbarn, den ich eigentlich nicht mag.
Humor	Das nächste Meeting im Unternehmen betrachte ich durch eine »Humor-Brille«, um die (unfreiwillige) Komik der Veranstaltung klarer zu erkennen und mich weniger zu ärgern.

Wie könnten Sie sich den Anfang leichter machen?

_____

_____

_____

_____

_____

Jeden Tag eine gute Tat

Vielleicht nehmen Sie sich jeden Tag eine kleine »Gut-und-richtig-Leben«-Aktion vor. Und führen am besten auch Buch darüber! Notieren können Sie sich folgende Punkte:

- Welche Tugend habe ich trainiert?
- Wie hat mein Schweinehund darauf reagiert?
- Wie habe ich die Trainingseinheit trotzdem geschafft?
- Wie habe ich mich nach der Aktion gefühlt?
- Wann trainiere ich wieder, und wie kann ich dabei den Schwierigkeitsgrad steigern?

Sie müssen nicht jeden Tag einen Erlebnisaufsatz schreiben – ein paar Stichpunkte reichen schon aus. Der Sinn der Sache ist folgender: Sie lernen sich selbst jeden Tag ein bisschen besser kennen. Sie erfahren, was Ihnen leichtfällt und was Ihnen noch nicht so leicht gelingt. Und Sie sehen sehr genau, mit welchen Methoden Ihr kleiner Saboteur arbeitet.

Aller Voraussicht nach werden Sie nicht jeden Tag einen großartigen Erfolg notieren. Das gehört zu jedem Training dazu und sollte Sie nicht beunruhigen. Andererseits wird es viele Tage geben, an denen Ihnen eine kleinere oder größere Übung gelungen ist. Genau das setzt den *positiven Schweinehunde-Zyklus* in Gang.

Wie in jedem sportlichen Training können Sie natürlich auch in eine Abwärtsspirale geraten: Sie erleben einen Misserfolg, fühlen sich entmutigt, Ihr Schweinehund verstärkt seinen Widerstand, Sie nehmen die kommende Herausforderung nicht an – und so weiter.

Wenn Sie das Gefühl haben, Sie könnten sich in einem solchen Abwärtsstrudel befinden, legen Sie »die Latte« sofort tiefer. Absolvieren Sie noch kleinere Übungseinheiten. Fordern Sie Ihren Schweinehund heraus, aber überfordern Sie sich dabei nicht, sonst gewinnt er. Haben Sie Geduld mit Ihrem Begleiter und mit sich.

Der positive Schweinehunde-Zyklus

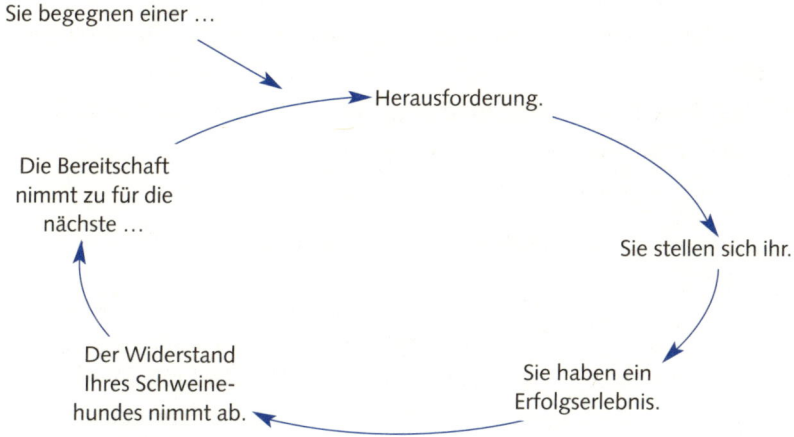

Sie begegnen einer …

Herausforderung.

Die Bereitschaft nimmt zu für die nächste …

Sie stellen sich ihr.

Der Widerstand Ihres Schweine- hundes nimmt ab.

Sie haben ein Erfolgserlebnis.

Konzentrieren Sie sich auf jeden kleinen Schritt, den Sie zusammen mit Ihrem Schweinehund gehen. Freuen Sie sich über jede Herausforderung, der Sie nicht ausweichen, sondern der Sie sich stellen. Fixieren Sie sich aber nicht zu sehr auf den Erfolg. Der stellt sich nach ausreichendem Training, wenn alles gut läuft, irgendwann von alleine ein.

Dann werden Sie vielleicht eines Tages feststellen, dass Sie etwas pünktlicher (rechtschaffener, besonnener, hilfsbereiter) geworden sind. Und das wird Sie beflügeln, auf diesem Weg weiterzugehen. Der Weg wird zu Lebzeiten auch nicht enden – und das ist wohl auch gut so!

Suchen Sie sich Verbündete

Haben Sie schon einmal gemeinsam mit anderen ihren Keller entrümpelt? Sich zum Joggen getroffen? Eine »Fastenzeit« durchgehalten? Dann wissen Sie ja, was die gemeinsame Aktion für eine Erleichterung darstellt:

- Das Vorhaben macht oft mehr Spaß.
- Sie erleben, dass und wie auch andere mit ihrem kleinen Saboteur hadern, und gehen deshalb viel gelassener mit Ihrem eigenen um.
- Das Durchhalten fällt Ihnen leichter, weil Sie vor Ihren Verbündeten keine Schwäche zeigen wollen.

Schließen Sie Bündnisse

Vielleicht kennen Sie eine Person, die genauso unpünktlich (übergewichtig, unordentlich, …) ist wie Sie. Schließen Sie sich zusammen! Besprechen Sie, was genau Sie erreichen und wie Sie das tun wollen. Planen Sie gemeinsam »barrierebezogene Strategien«. Verabreden Sie regelmäßige Kontrollen, um ihre Fortschritte festzustellen. Und feiern Sie gemeinsam, wenn Sie Ihr Ziel erreicht haben! Ein solches Bündnis könnte zum Beispiel so aussehen:

Christine und Emma sind befreundet. Beide gehen leidenschaftlich (um nicht zu sagen: maßlos) gern »shoppen« und beide leiden unter den großen Gerümpelansammlungen in ihren Häusern. Sie verabreden, sich gegenseitig beim Entrümpeln zu helfen. So treffen sie sich an jedem Wochenende und bearbeiten abwechselnd das eine und das andere Haus, bis jede zufrieden mit dem Ergebnis ist. Es fällt beiden gar nicht so leicht, sich von vielen der Dinge zu trennen, die sie gemeinsam »geshoppt« haben und mit denen schöne Erinnerungen verbunden sind.

Für die Zukunft verabreden sie, dass sie sich bei gemeinsamen Shoppingtouren vor jedem Kauf die Gerümpel-Check-Frage stellen: »Brauchst du das wirklich, hier und heute?«

Außerdem beschließen Sie, sich einmal im Halbjahr gegenseitig beim gründlichen Aufräumen und Entrümpeln zu helfen.

Suchen Sie Gleichgesinnte

Wenn Sie an Ihrer Ehrlichkeit und Aufrichtigkeit arbeiten wollen, dann wird Ihnen das – überspitzt gesagt – in einem Kreis von Halunken ziemlich schwerfallen. Genauso schwer ist es, maßvoll zu essen und zu trinken, wenn der komplette Freundeskreis gerne über die Stränge schlägt.

Wählen Sie also die umgekehrte Strategie. Begeben Sie sich dorthin, wo Menschen sind, die die von Ihnen angestrebten Tugenden bereits verkörpern. Die Liste der Beispiele ist lang:

- Wenn Sie sich couragiert für die Umwelt oder für soziale Gerechtigkeit einsetzen wollen, dann treten Sie am besten in entsprechende Organisationen ein und arbeiten dort mit.
- Wollen Sie beim Essen und/oder Trinken besser maßhalten, dann schließen Sie sich einer entsprechenden Selbsthilfegruppe an.
- Möchten Sie besonnener handeln, dann suchen Sie beruflich und privat die Nähe zu Menschen, die Sie für klug halten.
- Wenn Sie konzentriert arbeiten wollen, gelingt Ihnen das am besten in einer Bibliothek oder in einem Büro mit entsprechend motivierten Kollegen.
- Streben Sie privat und im Job nach größerer Zuverlässigkeit, dann umgeben Sie sich nach Möglichkeit mit zuverlässigen Freunden und Kollegen.

Meiden Sie Miesepeter

In der Zeit Ihrer persönlichen »Umgewöhnung«, in der Sie Ihr altes Verhalten ablegen und Ihr neues Verhalten trainieren wollen, ist es wichtig, sich von Miesmachern fernzuhalten. Ihr Schweinehund springt nur allzu schnell auf deren Sprüche an, die Ihre Moral untergraben: »Du bist ja päpstlicher als der Papst!« Das gilt nicht nur für den persönlichen Umgang mit Leuten, die Sie »herunterziehen«, sondern auch für Ihre geistige Nahrung: Vermeiden Sie am besten auch demoralisierenden Medienkonsum, ganz gleich ob es sich um Filme, Zeitschriften oder Bücher handelt. Suchen Sie im Gegenteil immer wieder mal nach anregenden Inhalten: Biografien von Menschen, die genau die Tugenden verkörpern, nach denen Sie suchen. Bücher oder Filme von Autoren, deren innere Haltung Sie bewundern. Widmen Sie sich der »Weisheitsliteratur« der Welt: spirituellen und religiösen Texten aus allen Kulturen. Oder wagen Sie mal den Blick in ein Buch mit philosophischem Inhalt.

Und es könnte sein, dass Sie sich nach einer solchen Lektüre innerlich etwas erhabener, gewissermaßen »aufgebaut« fühlen. Wie gesagt: Immer wieder mal, ohne dabei zu übertreiben, und dann vielleicht sogar immer öfter …

Suchen Sie Ihren Gegenpol

Manche Schweinehunde springen hervorragend auf die vorgeschlagenen Trainingseinheiten an – andere wiederum überhaupt nicht. Sie haben das vorliegende Buch vielleicht mit großem Interesse gelesen, legen es aber nachher zur Seite und schieben jeglichen Gedanken an ein tatsächlich gutes und richtiges Leben zur Seite. »Liest sich ja nett, ist aber viel zu mühsam!«, mault der Schweinehund. Beschimpfen Sie ihn nicht – lernen Sie ihn lieber noch besser kennen.

Es gibt so viele unterschiedliche Schweinehunde, wie es Menschen gibt. Deshalb ist es immer riskant, Typologien zu entwerfen; gleichzeitig können Modelle (Einteilungen in zwei, vier, sieben oder wie viele Typen auch immer sind nichts anderes als Modelle) komplexe Zusammenhänge aber auch verdeutlichen.

Besonders anschaulich ist das Modell, das Ned Herrmann in den 70er Jahren entwickelt hat. Grundlage ist die Vorstellung, dass das menschliche Gehirn aus mehreren Teilbereichen besteht, die für unterschiedliche Aufgaben zuständig sind:

Die *linke Gehirnhälfte* bestimmt bei den meisten Menschen primär die Sprache und das logische Denken, während die *rechte Gehirnhälfte* in erster Linie Bilder und Visionen verarbeitet und erzeugt.

Zusätzlich unterschied Herrmann zwischen *Großhirn* (der obere Gehirnbereich) und dem *Zwischenhirn*, das darunterliegende (limbische) Gehirnsystem. Letzteres ist in erster Linie für die Verarbeitung von Emotionen zuständig.

Auf Basis dieser Unterscheidungen skizzierte Herrmann ein vierteiliges Hirnmodell, wobei jeder Quadrant für bestimmte Merkmale steht:

Rationales Ich	Experimentelles Ich
analysiert	spekuliert
ist logisch	ist intuitiv
ist kritisch	ist neugierig
ist realistisch	ist risikofreudig
Sicherheitsbedürftiges Ich	**Fühlendes Ich**
strukturiert	lässt sich bewegen
ist zuverlässig	ist mitfühlend
ist ordentlich	ist hilfsbereit
ist pünktlich	ist expressiv

Jeder Mensch vereinigt Anteile aller vier Quadranten in sich. Und doch, so die Theorie, gibt es *Präferenzen*: Während der eine ein hervorragender Analytiker ist, zeichnet sich der andere durch seine große Empathie aus. Der dritte tut sich hervor durch außerordentliche Zuverlässigkeit, während der vierte mit seiner Kreativität punktet.

Sicherlich fällt Ihnen jeweils mindestens eine Person aus Ihrem Umfeld ein, die den vorgeschlagenen Typen entspricht.

Verbinden wir die vorgestellte Typologie mit unserer Vorstellung von Tugend, so sehen wir, dass die vier verschiedenen Typen gleichsam von Natur aus den einen Tugenden mehr und anderen Tugenden weniger zugeneigt sind.

Der *rationale Typ* verkörpert die *Kardinaltugenden*, während der *sicherheitsbedürftige Typ* ein Musterbeispiel für die *Sekundärtugenden* ist. Bei beiden ist aber oft die menschliche Wärme und die Empathie nicht so stark ausgeprägt. Der *experimentelle Typ* zeichnet sich durch Mut aus, der *emotionale* durch Hilfsbereitschaft – beiden könnte es aber tendenziell an Maß und Besonnenheit mangeln.

Rationaler Typ

Typische Tugenden	Weniger stark ausgeprägt sind
Klugheit	Einfühlungsvermögen
Gerechtigkeit	Begeisterungsfähigkeit
Tapferkeit	Flexibilität
Maß	Hilfsbereitschaft
Objektivität	Friedensfähigkeit
Ausdauer	Großherzigkeit
Entschlossenheit	Humor
Tatkraft	Kreativität
Sachlichkeit	Lebendigkeit

Sicherheitsbedürftiger Typ

Typische Tugenden	Weniger stark ausgeprägt sind
Besonnenheit	Kreativität
Zuverlässigkeit	Intuition
Fleiß	Mut
Verantwortungsbewusstsein	Flexibilität
Pünktlichkeit	Lust
Ordnung	Humor
Disziplin	Begeisterungsfähigkeit
Pflichtbewusstsein	Leidenschaft
Genauigkeit	Risikobereitschaft

Experimenteller Typ

Typische Tugenden	Weniger stark ausgeprägt sind
Spontaneität	Zuverlässigkeit
Kreativität	Verantwortungsbewusstsein
Leidenschaft	Disziplin
Intuition	Klugheit
Begeisterungsfähigkeit	Gerechtigkeit
Risikobereitschaft	Maß
Mut	Ordnung
Offenheit	Realismus
Flexibilität	Hilfsbereitschaft

Emotionaler Typ

Typische Tugenden	Weniger stark ausgeprägt sind
Einfühlungsvermögen	Besonnenheit
Hilfsbereitschaft	Durchsetzungsvermögen
Wärme	Genauigkeit
Einsatzbereitschaft	Realismus
Wohlwollen	Pünktlichkeit
Güte	Selbstbeherrschung
Großherzigkeit	Entschlossenheit
Liebe	Vernunft
Lebendigkeit	Klarheit

Schauen Sie sich die vier Tabellen an. Wo finden Sie sich selbst am ehesten wieder? Gehen Sie jetzt zurück zu der Tabelle mit den vier Quadranten auf Seite 171. Welcher Typ befindet sich diagonal gegenüber Ihrem eigenen? Schätzen Sie sich selbst als eher sicherheitsbedürftig ein, wäre Ihr Gegenspieler ein experimenteller Typ, und halten Sie sich für eher emotional, wäre Ihr Gegenspieler ein rationaler Typ – und jeweils umgekehrt.

Gehen Sie jetzt im Geiste Ihre Familie durch, Ihren Bekannten- und Kollegenkreis. Welche Personen sind von Ihrer Persönlichkeit her Ihrer eigenen entgegengesetzt? Welche Tugenden schätzen Sie an diesen Personen besonders? Vielleicht können Sie sich hier und dort doch »eine Scheibe abschneiden«, um so ab und zu auch aus Ihrem eigenen Trott herauszukommen.

Bleiben Sie dran

Vielleicht haben Sie durch dieses Buch etwas mehr erfahren, warum es sich lohnen kann, gut und richtig zu leben. Einige Argumente haben vielleicht auch Ihren Schweinehund so überzeugt, dass er sich bereiterklärt hat, mit Ihnen an einem Strang zu ziehen.

Außerdem hatten Sie Gelegenheit, sich detailliert mit ihren eigenen Vorstellungen über Tugenden und Werte auseinanderzusetzen, vor allem, woher diese Wertvorstellungen kommen und welche Sie in Zukunft selbst intensiver leben wollen.

Sie haben vielleicht einige Trainingsschritte für sich selbst entworfen und sich überlegt, wie Sie sich den Anfang leicht machen können. Und womöglich haben Sie ein Tagebuch angelegt, sich Verbündete gesucht und Gegenspieler ausgewählt.

Oder nicht?

Dann nehmen Sie doch Ihren Schweinehund wieder mal beherzt an der Pfote und blättern Sie bei Gelegenheit noch einmal zurück. Es kommt nicht darauf an, dass Sie alles perfektionistisch umsetzen (das wäre auch nicht im Sinne der Klugheit, einer Kardinaltugend, wie Sie ja wissen). Nehmen Sie sich aber immer wieder ein Herz, bleiben Sie dran, und wenn's nicht klappt, finden Sie vielleicht eine andere, leichtere, passendere Herangehensweise. Finden Sie einen für Sie machbaren Ansatz.

Gehen Sie den ersten, kleinen Schritt in ein *gutes und richtiges Leben*. Geben Sie sich selbst die Chance. Schon die antiken Philosophen wussten: Wenn Sie gut und richtig leben, dann leben Sie glücklich.

»Mit Tugenden schneller zum Ziel – das funktioniert ja wirklich!«

Die 33 besten Tipps
im Umgang mit dem Schweinehund

Warum es sich lohnt, gut und richtig zu leben, und wie Ihnen das in bester Freundschaft mit Ihrem Schweinehund gelingen kann, haben Sie nun in aller Ausführlichkeit erfahren. Hier finden Sie noch einmal die 33 besten Tipps als Übersicht – falls der Schweinehund wieder einmal knurren sollte und Sie sich ein wirksames Gegenmittel in Erinnerung rufen wollen.

1. Typische Schweinehund-Fallen erkennen. Zu welchen Untugenden verführt Ihr persönlicher Schweinehund Sie am häufigsten? Machen Sie sich bewusst, wo Ihr kleiner Saboteur Ihnen typischerweise Fallen stellt. Hilfreich kann dabei die Checkliste auf den Seiten 42 und 43 sein.

2. Die Taktiken Ihres Schweinehundes durchschauen. Schweinehunde verfügen über ein ganzes Arsenal an Taktiken. Welches sind die Methoden Ihres ganz persönlichen Exemplars? Einen Überblick über die wichtigsten Tricks finden Sie in Kapitel 2 ab Seite 47.

3. Seine Argumente verstehen. Die Argumente des Schweinehundes klingen oft überzeugend, weil sie auf den vermeintlich schnellsten und leichtesten Weg zum Glück zielen. Die markigsten Sprüche der Schweinehunde finden Sie in Kapitel 2 ab Seite 49.

4. Den Schweinehund als Teil Ihrer Persönlichkeit annehmen. Ein Schweinehund lässt sich weder wegsperren noch überlisten und erst recht nicht überwinden – auch wenn eine verbreitete Redensart das unterstellt. Versuchen Sie, Ihren Schweinehund als wichtigen Teil Ihrer Persönlichkeit zu akzeptieren und zu integrieren.

5. Seine positive Absicht würdigen. Der Schweinehund meint es prinzipiell gut mit Ihnen. Verstehen Sie seine Sabotageakte deshalb nicht nur als Angriff, sondern vielleicht sogar als beabsichtigte Hilfestellung. Ihr kleiner Saboteur möchte Sie vor einem Übermaß an Anstrengung und Belastung schützen und Ihnen auf möglichst kurzem Weg zum Glück verhelfen.

6. Den Schweinehund als Berater einsetzen. Achten Sie darauf, wie der Schweinehund Ihnen in die Quere kommt. Was genau versucht er, Ihnen zu verschaffen? Wovor möchte er Sie bewahren? Hinter vielen Sabotageakten steckt ein tieferer Sinn. Beispiele finden Sie in Kapitel 3 ab Seite 119.

7. Alternativen anbieten. Wenn Sie diesen tieferen Sinn verstanden haben, können Sie dem Schweinehund andere, sinnvollere Wege zu dem von ihm angestrebten Ziel anbieten.

8. Seine Kraft nutzen. Der Schweinehund strebt mit all seinen Leibeskräften nach Lust, Wohlstand, Macht und Ansehen. Daran ist grundsätzlich nichts Unmoralisches – wenn Sie das Maß halten. Nutzen Sie also die Energie Ihres Saboteurs und leiten Sie diese in die richtigen Bahnen.

9. Keinen zu starken Druck ausüben. Je stärker der Druck, desto bissiger wird der Schweinehund. Gehen Sie geduldig und liebevoll mit Ihrem Begleiter um. Dann wird er sich zur Kooperation bewegen lassen.

10. Eigene Werte reflektieren. Ihr persönlicher Wertekanon ist in der Kultur ihres Herkunftslandes, Ihres Milieus und Ihrer Familie verankert. Machen Sie sich diese wichtigen Quellen bewusst. Je mehr diese Quellen für Sie selbst im Nebel liegen, desto leichter kann der Schweinehund sein Unwesen treiben.

11. Die vier Lebensbereiche prüfen. Möglicherweise sind Ihnen im Beruf andere Werte wichtig als in der Familie, und wenn es um Kultur oder Ihre Gesundheit geht, sind es wiederum andere. Nehmen Sie Ihre Lebensbereiche unter die Lupe, um sich auch hier Klarheit über Ihren persönlichen Wertekanon zu verschaffen. Je mehr Klarheit Sie haben, desto weniger anfällig sind Sie für die Attacken des Schweinehundes.

12. Vorbilder suchen. Tugenden werden erst dann plastisch und konkret, wenn man sich Personen vorstellt, die diese verkörpern. Haben Sie Vorbilder? Welche Tugenden bewundern Sie an diesen Vorbildern am meisten?

13. Ein leuchtendes Zielbild entwerfen. Wenn Sie ein oder mehrere Vorbilder haben, wird es Ihnen leichter fallen, für sich selbst ein Zielbild zu entwerfen. Wie wollen Sie sein? Stellen Sie sich ein Idealbild Ihres Selbst vor – und seien Sie dabei ruhig unbescheiden.

14. Machbare (kluge!) Ziele setzen. Schauen Sie Ihr Idealbild an, und konzentrieren Sie sich dann auf einige konkrete Ziele, die Sie erreichen wollen. Und die Sie realistischerweise auch erreichen können.

15. Eigene Spielregeln aufstellen. Nehmen Sie Abstand von den moralischen Regeln, die Sie ungefragt übernommen haben, und stellen Sie Ihre eigenen Spielregeln auf.

16. Klare Entscheidungen treffen. Wischiwaschi-Formulierungen kassiert der Schweinehund sofort. (In Kapitel 2 ab Seite 56 finden Sie Beispiele dafür.) Treffen Sie deshalb Entscheidungen, an denen der kleine Saboteur nicht rütteln kann.

17. Das Ziel positiv formulieren. Sagen Sie Ihrem Schweinehund, was genau Sie in Zukunft tun werden. (Und nicht, was Sie *nicht* oder *weniger* tun wollen.)

18. Notfallpläne ausarbeiten. Sie brauchen für jedes Ihrer Vorhaben einen »Plan B« – also einen alternativen Pfad der Tugend, den Sie dann beschreiten, wenn der eigentlich geplante Weg, aus welchen Gründen auch immer, blockiert sein sollte. Warum »barrierebezogene Strategieplanung« so wichtig ist, lesen Sie ab Seite 158.

19. Den Schweinehund mit Argumenten überzeugen. Es gibt klare Argumente dafür, warum sich ein gutes und richtiges Leben lohnt. Machen Sie sich in Kapitel 3 mit diesen Argumentationen vertraut und schreiben Sie die Quintessenz Ihrem Schweinehund ins Stammbuch.

20. Sofort beginnen. Warten Sie nicht auf den nächsten Jahreswechsel – was mit Neujahrsvorsätzen passiert, wissen Sie ja. Beginnen Sie Ihr neues, gutes und richtiges Leben noch heute.

21. Sich den Anfang leicht machen. Muten Sie sich keine Herkules-Vorhaben zu – solche fallen dem Schweinehund meist zuerst zum Opfer. Legen Sie die Latte zunächst so tief, dass Ihr Schweinehund sie beim Überspringen glatt übersieht.

22. Nicht zu viel auf einmal beginnen. Machen Sie es wie beim Austernessen: Nehmen Sie sich eine Tugend nach der anderen vor. Wenn Sie auf zu vielen Hochzeiten gleichzeitig tanzen, verwirrt Sie Ihr Schweinehund und Sie verlieren den Überblick.

23. Bei negativen Gefühlen: tapfer sein. Es kann unangenehm sein, wenn Sie sich mit den dunklen Seiten Ihrer Persönlichkeit auseinandersetzen. Versuchen Sie, dem Impuls zum Ausweichen zu widerstehen. Holen Sie sich gegebenenfalls professionelle Hilfe.

24. Feedback einholen. Manchmal ist es leichter, mit anderen Menschen über die eigenen Schattenseiten zu sprechen. Vielleicht scheint anderen die eine oder andere Eigenart gar nicht so dunkel wie Ihnen selbst? Oder andere spiegeln Ihnen problematische Verhaltensweisen, die Sie selbst gar nicht bemerkt haben? Nutzen Sie

Erkenntnisse, die sich aus Gesprächen ergeben können. Wichtig: Wählen Sie Ihre Gesprächspartner mit Bedacht aus.

25. Miesmacher meiden. In Zeiten persönlicher Veränderung ist es besonders wichtig, sich mit optimistischen und kraftvollen Menschen zu umgeben. Lassen Sie sich von deren Energie anstecken!

26. Verbündete suchen. Sie möchten eine Ihrer Untugenden ablegen? Sie sind sicherlich nicht alleine mit diesem Wunsch. Suchen Sie sich Gleichgesinnte, die eine vergleichbare Herausforderung meistern wollen wie Sie selbst.

27. Bündnisse schließen. Besiegeln Sie einen Pakt: Welche Regel wollen Sie in Zukunft gemeinsam einhalten? Einigen Sie sich auf eine Sanktion, wenn Sie die Regel brechen.

28. Gegenpol suchen. Je nach Ihrem Naturell fällt Ihnen die eine Tugend leicht und die andere schwer. Dann kann es hilfreich sein, sich eine Person mit umgekehrter Disposition als Partner zu suchen. Mehr zu diesem Prinzip des Gegenpols lesen Sie ab Seite 170.

29. Den Schweinehund herausfordern. Er ist zwar grundsätzlich träge, spielt aber trotzdem gerne. Kitzeln Sie Ihren Schweinehund also mit kleinen Herausforderungen. Er wird diese gerne annehmen.

30. Herausforderungen langsam steigern. Sehen Sie den Pfad der Tugend als eine Art Trimm-dich-Pfad für Schweinehunde an. Zunächst absolvieren Sie nur wenige und ganz einfache Übungen, dann steigern Sie das Niveau Schritt für Schritt.

31. Der Schweinehund als Trainingspartner. Verankern Sie die Trainingseinheiten in Ihrem Alltag. Idealerweise so, dass Sie und Ihr Schweinehund sich ein Leben ohne dieses Training gar nicht mehr vorstellen können.

32. Feiern Sie sich und Ihren Schweinehund. Versäumen Sie nicht, jeden Fortschritt gebührend zu feiern. Am besten planen Sie die Belohnung von Anfang an mit ein.

33. Jeden Tag eine gute Tat. Sie kennen dieses Pfadfinder-Motto? Es beschreibt den idealen Trainingsplan für Ihren Schweinehund. Wenn Sie jeden Tag eine kleine Schweinehund-Übung absolvieren, lernen Sie und Ihr kleiner Begleiter sich immer besser kennen. Dann haben Sie die Chance, echte Freunde zu werden und gemeinsam Ihr gutes und richtiges Leben zu genießen.

»Vielleicht lohnt sich gut und richtig leben ja doch?«

Literatur

Aristoteles: *Nikomachische Ethik*. Hamburg 1985.

Bayertz, Kurt: *Warum überhaupt moralisch sein?* München 2006.

Bellebaum, Alfred (Hrsg.): *Vom guten Leben. Glücksvorstellungen in Hochkulturen*. Berlin 1998

Böschemeyer, Uwe: *Worauf es ankommt. Werte als Wegweiser*. München 2006

Brantschen, Niklaus: *Vom Vorteil, gut zu sein. Mehr Tugend, weniger Moral*. München 2006

Comte-Sponville, André: *Ermutigung zum unzeitgemäßen Leben. Ein kleines Brevier der Tugenden und Werte*. Reinbek 2004

Erlinger, Rainer: *Gewissensfragen. Streitfälle der Alltagsmoral*. München 2007

Höffe, Otfried: *Lebenskunst und Moral. Oder macht Tugend glücklich?* München 2007

Höffe, Otfried: *Lesebuch zur Ethik. Philosophische Texte von der Antike bis zur Gegenwart*. München 2006

Joas, Hans: *Die Entstehung der Werte*. Frankfurt 1999

Joas, Hans; Wiegandt, Klaus: *Die kulturellen Werte Europas*. Frankfurt 2006

Kersting, Wolfgang; Langbehn, Claus (Hrsg.): *Kritik der Lebenskunst*. Frankfurt 2007

Mohn, Liz; Mohn, Brigitte; Weidenfeld, Werner; Meier, Johannes (Hrsg.): *Werte. Was die Gesellschaft zusammenhält*. Gütersloh 2006

Münchhausen, Marco von: *So zähmen Sie Ihren inneren Schweinehund. Vom ärgsten Feind zum besten Freund*. Frankfurt 2002

Münchhausen, Marco von: *Wo die Seele auftankt. Die besten Möglichkeiten, Ihre Ressourcen zu aktivieren*. Frankfurt 2004

Münchhausen, Marco von: *Auszeit. Inspirierende Geschichten für Vielbeschäftigte*. Frankfurt 2007.

Petersen, Thomas; Mayer, Tilman: *Der Wert der Freiheit. Deutschland vor einem neuen Wertewandel?* Freiburg 2005

Rawls, John: *Geschichte der Moralphilosophie. Hume – Leibniz – Kant – Hegel.* Frankfurt 2004

Schirrmacher, Frank: *Minimum. Vom Vergehen und Neuentstehen unserer Gemeinschaft.* München 2006.

Tillman, Klaus-Jürgen: *Sozialisationstheorien. Eine Einführung in den Zusammenhang von Gesellschaft, Institution und Subjektwerdung.* Reinbek 1993

Wickert, Ulrich: *Der Ehrliche ist der Dumme. Über den Verlust der Werte.* München 2005

Wickert, Ulrich: *Zeit zu handeln. Den Werten einen Wert geben.* München 2001

Anmerkungen

[1] http://www.heise.de/tp/r4/artikel/19/19703/1.html

[2] Heute gilt die Annahme dieser strengen Abfolge als überholt, nicht zuletzt, weil Kohlberg emotionale Einflüsse auf moralische Urteile nicht berücksichtigte, und weil an seiner Studie nur männliche Probanden teilnahmen. Trotzdem ist sein Stufenmodell sehr anschaulich. Und die von ihm gefundenen Varianten der moralischen Begründung sind natürlich auch heute noch grundlegend.

[3] Thomas Petersen, Tilman Mayer: *Der Wert der Freiheit. Deutschland vor einem neuen Wertewandel?* Freiburg 2005, S. 30

[4] http://www.gfk-verein.de/index.php?article=act_03_04&lang=german&f=congress06

[5] Ralph Schlieper-Damrich, Petra Kipfelsberger, Netzwerk CoachPro (Hrsg.): *Wertecoaching. Beruflich brisante Situationen sinnvoll meistern.* Bonn 2008

[6] Bruno Schrep: »Sie war unsere Beste.« In: *Der Spiegel* 49/2007, S. 50–56

[7] http://www.focus.de/kultur/leben/modernes-leben_aid_211058.html

[8] »Milliarden-Segen.« In: *Die Zeit*, 13. Juli 2006, S. 17

[9] »Jachten und Frauen sind die größten Geldvernichter.« In: *Welt am Sonntag*, Nr. 20, 20. Mai 2007, S. 40

[10] »Brennpunkte der Ohnmacht.« In: *Die Zeit*, 27. April 2006, S. 5

[11] Stephen R. Covey: *Die effektive Führungspersönlichkeit. Prinzipienorientiert managen.* Frankfurt am Main / New York 2008, S. 45,75.

[12] http://www.iaw-koeln.de/home/fuehrungskraeftebefragung_2007_110_109.html

[13] Heinz Erhardt: *Von der Pampelmuse geküßt. Gedichte, Prosa, Szenen.* Stuttgart 2005, S. 59

[14] Loriot: *Menschen, Tiere, Katastrophen.* Stuttgart 2007, S. 23

[15] Andrea Bachstein: »Die Welt lernt lächeln.« In: *Süddeutsche Zeitung*, 15. 3. 2006, S. 3

[16] Anne Jacoby: »Freiwilliges Engagement tut gut. Interview mit Hans-Werner Bierhoff.« In: *Frankfurter Allgemeine Hochschulanzeiger* Nr. 87, 2006

[17] Wolfgang Friedlmeier: »Prosoziale Motivation.« In: Hans-Werner Bierhoff, Dieter Frey (Hrsg.): *Handbuch der Sozialpsychologie und Kommunikationspsychologie*. Göttingen 2006, S. 143–149

[18] Harald Ehren: »Wenn Moral-Apostel mogeln.« In: *Financial Times Deutschland*, 18. März 2005, S. A2

[19] Aristoteles: *Nikomachische Ethik*, 1098a 19–20

[20] Christian Schüle: »Helfen macht glücklich.« In: *Die Zeit*, 13. 1. 2005, S. 16

[21] »Neuronen sind nicht böse.« In: *Der Spiegel* 31/2007, S. 117–123

[22] http://www.brigitte.de/liebe/persoenlichkeit/vorsaetze_umsetzen/index.html

Dr. Marco Freiherr von Münchhausen

ist renommierter Referent und Trainer
im Bereich Persönlichkeits- und Selbstmanagement. Seine Vorträge und Seminare
hält er europaweit zu folgenden Themen:

- **Work-Life-Balance**
  Wie Sie Berufs- und Privatleben in Einklang
  bringen

- **Motivation und Stressmanagement**
  Wie Sie Ihre Ziele effektiver und mit weniger
  Reibungsverlusten erreichen

- **Selbstmanagement im Alltag**
  Wie Sie Ihren inneren Schweinehund zähmen
  und zum Freund machen

- **Aktivierung innerer Ressourcen**
  Wie Sie Ihren inneren Akku immer wieder
  aufladen können

Nähere Informationen hierzu und
Buchungsmöglichkeiten im Internet:
www.vonmuenchhausen.de

Mehr Glück & Erfolg

Der innere Schweinehund hilft, Ihren Alltag zu ordnen

ISBN 978-3-8338-0486-1
160 Seiten | 16,90 € [D]

ISBN 978-3-7742-6958-3
192 Seiten | 16,90 € [D]

ISBN 978-3-8338-0768-8
128 Seiten | 14,90 € [D]

ISBN 978-3-8338-0873-9
176 Seiten | 16,90 € [D]